教育部人文社会科学研究青年基金项目
"合宪性审查视阈下行政规范性文件审查机制研究（20YJC820022）"
的最终成果

行政规范性文件一并审查机制研究

李会勋　著

XINGZHENGGUIFANXINGWENJIAN

YIBINGSHENCHAJIZHIYANJIU

中国政法大学出版社

2024·北京

图书在版编目（ＣＩＰ）数据

行政规范性文件一并审查机制研究 / 李会勋著. --北京 ：中国政法大学出版社，2024. 8. -- ISBN 978-7-5764-1754-8

Ⅰ. D630.1

中国国家版本馆 CIP 数据核字第 2024CC3504 号

出 版 者　　中国政法大学出版社

地　　址　　北京市海淀区西土城路 25 号

邮寄地址　　北京 100088 信箱 8034 分箱　邮编 100088

网　　址　　http://www.cuplpress.com（网络实名：中国政法大学出版社）

电　　话　　010-58908586(编辑部) 58908334(邮购部)

编辑邮箱　　zhengfadch@126.com

承　　印　　固安华明印业有限公司

开　　本　　720mm×960mm　　1/16

印　　张　　12.5

字　　数　　220 千字

版　　次　　2024 年 8 月第 1 版

印　　次　　2024 年 8 月第 1 次印刷

定　　价　　59.00 元

自　序

　　作为一个研习行政法与行政诉讼法学多年的人而言，对行政规范性文件的关注，既是关注理论研究绕不过去的，也是躬身于实践不得不面对的。这可能是从事这门学科教学和研究的"宿命"，始终萦绕在心。围绕行政规范性文件，除了书中各章节提出的问题，仍有以下问题需要进行分类研究和关注。

　　行政规范性文件应当注重前端治理。各地陆续出台了规范性文件的管理规定和备案审查办法，对规范性文件的起草、审核审查、发布、备案审查、评估、清理、修改和废止等流程。规范性文件的规范化和科学化，对建设法治中国、法治政府和法治社会，提升国家治理体系与治理能力现代化水平意义重大。理念是行动的先导，在决策科学化的前提下，才能实现执法和监督的法治化。

　　行政规范性文件的出台应当秉持合理审慎原则。公法的适用往往遵循谦抑性，作为规范市场经济的社会规范和运行法则，不只是法律法规在发挥作用。注重法治并非法治万能。实践中有很多规范出台后，并没有发挥实际作用，原因是，市场通过行业自律等机制可以自发调节和有效运行。我们应当防止"看得见的手"过多干预市场，特别是在经济低迷的情势之下，优化营商环境，不只是文件上和口头上一说了事，而是真正尊重市场规律，少折腾，少干预，多服务，多替市场主体想办法。

　　规范性文件的合法性审查机制必须继续加强完善。提升规范性文件的治理水平，从法治化角度而言，还必须强化合法性备案审查机制。备案审查部门当前多由司法行政部门来担任，结合《行政复议法》的修改实施，以及《法治政府建设实施纲要（2021-2025年）》《关于加强行政规范性文件制定和监督管理工作的通知》等文件精神，在规范性文件的备案监督、督查考核上，司法行政部门还应当根据文件的要求，建立健全责任追究机制，对损害政府公信力，侵犯公民、法人和其他组织合法权益的规范性文件，在查处力度上应当进一步加强。

规范性文件的研究仍在路上。本书是教育部人文社科一般项目的研究成果，作为课题主持人，在课题的研究中，先后见证了各地行政规范性文件的出台和落地，既给本课题的研究提供了最新素材，同时也发现了各地立法中仍存在需要完善的问题。本课题作为行政法学者长期关注的问题，仍需要结合时代的要求和发展进行深入研究，囿于学识所限，书中的错误和疏漏在所难免，恳请各位方家批评指正。

目　录

绪　论

　　中共中央《关于坚持和完善中国特色社会主义制度　推进国家治理体系和治理能力现代化若干重大问题的决定》指出，要"推进合宪性审查工作，加强备案审查制度和能力建设，依法撤销和纠正违宪违法的规范性文件"。2020年12月，中共中央印发了《法治社会建设实施纲要（2020-2025年）》，该纲要认为，法治社会是构筑法治国家的基础，法治社会建设是实现国家治理体系和治理能力现代化的重要组成部分。2021年1月，中共中央印发了《法治中国建设规划（2020-2025年）》，认为法治是人类文明进步的重要标志，是治国理政的基本方式〔1〕。2021年8月，中共中央、国务院印发了《法治政府建设实施纲要（2021-2025年）》，该纲要认为，法治政府建设是全面依法治国的重点任务和主体工程。"两规划一纲要"为法治国家、法治政府、法治社会建设提供了基础和保障。全面依法治国已经纳入"四个全面"战略布局，法治中国建设也进入了新的发展阶段。

　　行政规范性文件的合宪性审查应当包含三个层次，第一层次要看被审查的规范性文件是否符合宪法规范、是否符合宪法的基本精神和原则；第

---

　　〔1〕　在"（五）加强宪法实施和监督"中，文件认为，要推进合宪性审查工作，健全合宪性审查制度，明确合宪性审查的原则、内容、程序。在"（十五）加强立法监督工作"中，文件认为，要加强备案审查制度和能力建设，实现有件必备、有备必审、有错必纠。完善备案审查程序，明确审查范围、标准和纠正措施。强化对地方各级政府和县级以上政府部门行政规范性文件、地方各级监察委员会监察规范性文件的备案审查。加强对司法解释的备案监督。将地方法院、检察院制定的规范性文件纳入本级人大常委会备案审查范围。加快建立全国统一的备案审查信息平台。建立健全党委、人大常委会、政府、军队等之间的备案审查衔接联动机制。建立健全备案审查工作年度报告制度。

二层次要看被审查的规范性文件是否符合《立法法》[1]等法律、行政法规、党内法规的规定，该审查既是合法性审查也是合规性审查；第三层次要看被审查对象是否符合《法规、司法解释备案审查工作办法》的相关规定。《法规、司法解释备案审查工作办法》第20条规定，对涉及合宪性的问题，全国人大宪法和法律委员会和法制工作委员会要进行合宪性审查，在审查时，法制工作委员会结合贯彻党中央决策部署和落实常委会工作重点进行审查。除上述三层次的审查方式外，凡涉及宪法有关规定如何理解，如何适用，都应当事先经过全国人大常委会合宪性审查，确保同宪法规定、宪法精神相结合。这一精神也为规范性文件一并审查指明了方向。

2035年，我们要实现基本建成法治政府的目标。在法治国家、法治政府、法治社会一体化建设中，法治政府建设是法治中国建设的重点任务和主体工程，对法治国家、法治社会建设有着提纲挈领和纲举目张的作用。法治政府建设的首要任务是，从源头上提升依法执政和依法行政的能力和水平，确保法治政府建设成效和社会安全秩序，包括行政决策和依据决策、决定和命令据以执行的文件质量，即提高立法质量是关键。规范性文件贯穿立法、执法和司法的全过程，特别是行政机关在行政执法实践中，因为规范性文件质量不高或违反了法律法规的规定，引发了纷争，损害了行政相对人的合法权益[2]。规范性文件特别是行政规范性文件是行政行为的依据和源头，其在国家治理和社会生活中所占比重大、涉及领域广、专业技术性较强。在提升国家治理体系和治理能力现代化水平的过程中，既要发挥规范性文件的灵活性等优势，也要注重运用规范性文件的治理效能，同时规避规范性文件治理中带来的不良影响，提升规范性文件的科学化和规范化水平。提升规范性文件的治理效能是国家和社会治理现代化征途中应当重点考量的内容，针对规范性文件治理，我们有制度上的探索，比如制定主体必须遵循的法定程序制度、向有关部门备案审查制度和规范性文件一并审查制度，对自查自纠而言，后两项制度中的纠错功能还没有充分释放和发挥。当前对规范性文件的研究还不够系统，对规范性文件的

---

〔1〕 为表述方便，本书中涉及我国法律文件直接使用简称，全书统一，后不赘述。

〔2〕 梁凤云：《行政诉讼讲义》（下），人民法院出版社2022年版，第929页。

类型和效力，不同主体之间制定的规范性文件的适用范围，如何进行审查，审查的沟通和协调机制的研究还表现在程式性的较多，流于形式的较多，针对规范性文件的实质性审查，反向倒查的责任追究机制尚未建立。从责、权、利相一致的角度出发，有学者提出了要追究违法制定规范性文件负责人或者制定人员违法责任的主张[1]。

　　规范性文件的审查包括两个方面：一方面是政府的规范性文件，另一方面是党的规范性文件。除了能够明确鉴别党的文件和政府的规范性文件，实践中还有党和政府联合署名和发布的规范性文件，实践中此类规范性文件主要以牵头主体来确定其归属和类别，后文中有对该类规范性文件的具体探讨。规范性文件的审查因备案主体不同而存在差异。备案主体包括权力机关的备案审查、行政机关的备案审查、司法机关的备案审查。各主体备案审查时的依据不同。权力机关依据《规章制定程序条例》《行政法规制定程序条例》《各级人民代表大会常务委员会监督法》《法规、司法解释备案审查工作办法》等规定进行监督。从审查主体的审查层级而言，备案审查可以分为以下几个层级，主要包括全国人民代表大会常务委员会、国务院、省一级地方人大和政府、依照《立法法》的规定设区的市的人大和政府等[2]。

　　规范性文件是许多重要制度的基石。从制度运行的社会环境考察，规范性文件一并审查的启动须以当事人提出明确请求为前提。自《行政诉讼法》实施以来，尽管公民、法人和其他组织通过行政诉讼渠道解决行政争议、维护自身权益的意识不断增强，但 2014 年和 2017 年《行政诉讼法》进行修改后，有关规范性文件一并审查的案件在人民法院受理的行政案件总数量中占比仍很低，当事人提出一并审查请求的案件数量少、比例低，进入人民法院合法性审查程序的案件更是少之又少，这导致绝大部分案件中的法院无法依照《行政诉讼法》第 53 条的规定启动对规范性文件的一并审查[3]。例如从"房屋限购""失信惩戒""环保约谈"到城市居民最

---

〔1〕 刘松山：《违法行政规范性文件之责任追究》，载《法学研究》2002 年第 4 期，第 36 页。

〔2〕 参见《立法法》第 81 条的规定。

〔3〕 程琥等：《新行政诉讼法疑难问题解析与实务指引》，中国法制出版社 2019 年版，第 299 页。

低生活保障等民生领域的系列规定都是在规范性文件中率先提出的，此外，很多引发群众非议的行为，特别是限制公民权利行使的有关规定也是规范性文件作出的。由于缺乏有效监督，规范性文件在实践中的作用几乎与法律无异，更有甚者，一些执法人员还出现了"只知有文件、不知有法律"的极端情形。规范性文件在推动和保障法律的执行，具体落实法律法规精神，推进精细化治理上功不可没。特别是我国，幅员辽阔，各地经济社会发展水平不一，地方在推动社会治理创新上有很多新举措和新做法。在确保中央的统一领导下，确保法制统一的原则下，各地针对经济社会发展因地因时出台相关措施，本身无可厚非，也在国家法律和政策的许可范围之内。落实对规范性文件的监督是全面推进依法治国的重要保障，而法院监督则是重中之重。实现良法善治，推进法治国家、法治政府、法治社会建设这一目标的关键在于：任何组织均须在宪法和法律规定的范围内活动，立法、执法和司法要接受监督和制约。在国家治理领域，要更多关注公权力主体行使职权的合法性，不只是监督其执法行为，更要对其执法依据加强监督，提升规范性文件的整体质量和水平。

另外，有必要说明的是，当前规范性文件的治理主要是指行政规范性文件，不只是这类文件占比高，对法治国家、法治政府、法治社会的影响广，而且行政规范性文件的质量，关乎行政管理的绝大多数领域，其治理水平和层次关系到立法和司法等部门，且行政规范性文件治理水平的提高直接带动其他性质规范性文件质量和水平的提升。因此本书主要探讨行政规范性文件的审查，除有特别交代外，本书出现的规范性文件，也主要泛指行政规范性文件。

第一章

行政规范性文件的内涵

1989 年公布的《行政诉讼法》没有对规范性文件一并审查的规定。行政规范性文件作为行政机关行使行政职权的一种方式，对于加强行政管理，完善行政法制和提高工作效率起到了积极作用[1]。但一些地方受利益驱动，通过制定规范性文件抢权力、争利益，乱发文件、违反规定审批、发证、乱罚款、乱集资等乱象，严重影响了法制的权威和统一。

规范性文件一并审查制度被视为《行政诉讼法》修改的一大亮点，并被誉为法治政府建设的重要"助推器"，对行政规范性文件，不同学者认识角度不同，也难以有一个统一的定义。有学者从立法的角度，将规范性文件分为正式的规范性文件和非正式的规范性文件，正式的规范性文件，如法律、行政法规、地方性法规和规章；非正式的规范性文件，如判决书、调解书和裁定书等。根据制定规范性文件主体的不同，分为权力机关制定的规范性文件，行政机关制定的行政规范性文件和司法机关制定的司法规范性文件。从名称上来区分，根据《规章制定程序条例》的规定，规章的名称一般称"规定""办法"（但不得称"条例"），从各地行政机关制定的规范性文件管理办法来看，规范性文件多以"实施细则""规定"和"办法"等命名。从地方政府制定行政规范性文件的立法文本来看，单从静态角度界分还难以真正认清规范性文件的本质，学者多从实证角度观察规范性文件

---

〔1〕 梁凤云：《行政诉讼讲义》（下），人民法院出版社 2022 年版，第 929 页。

的运行[1]，通过考察规范性文件的动态实施，研究规范性文件的特性和功能。

一、规范性文件的相关规定

在对规范性文件一并审查的研究中，总有一个问题很难绕开，即我们为什么要对规范性文件进行一并审查？对规范性文件一并审查与合宪性审查和合法性审查有什么样的关联？

《行政诉讼法》第 53 条确立的人民法院对规范性文件的审查制度是一项有诸多积极作用的制度[2]。但制度中的规范性文件在我国没有确切的定义，学界也存有争论。目前存在一个排除法，即法律、法规和规章以外的文件均为规范性文件，但规范性文件体系庞大，不只政府部门可制定行政规范性文件，立法机关、司法机关等其他部门也可以制定立法和司法性质的规范性文件。比如最高人民法院和最高人民检察院制定规范性文件的做法由来已久，有些规范性文件涉及管理性的内容，有些规范性文件涉及四级法院统一裁判尺度的内容，如《全国法院民商事审判工作会议纪要》等文件。《行政复议法》并没有区分"规范性文件"和"行政规范性文件"，将规范性文件的发布主体分为四类：国务院各部门、县级以上人民政府及其工作部门、乡镇人民政府、规章以上的法律文件授权的组织。《行政复议法》在对规范性文件一并审查的范围上，与《行政诉讼法》保持了一致，这也反映了行政机关内部监督和外部监督的一致性，特别是在对行政规范性文件的监督上，从《行政复议法》立法目的来看，让行政复议成为发挥解决行政争议的主渠道这一价值功能，应当在《行政复议法》本次修订后能够得到最大限度发挥。作为行政执法依据的规范性文件层级不同、效力不同、管辖事务的范围不同，决定了执法机关在执法选择和执

---

[1] 样本多从中国裁判文书网上刊载的行政裁判文书中选取，在为数不多的样本中，原告提出一并审查请求的案件占比不大，法院启动审查程序的案件不多。法院对规范性文件的审查有时既不全面也不深入，甚至流于形式。参见程琥等：《新行政诉讼法疑难问题解析与实务指引》，中国法制出版社 2019 年版，第 293 页。

[2] 姜明安：《对新〈行政诉讼法〉确立的规范性文件审查制度的反思》，载《人民法治》2016 年第 7 期，第 11 页。

法效能上存在较大差别，在起草《关于适用〈中华人民共和国行政诉讼法〉的解释》（以下简称《行政诉讼法司法解释》）时，这也是一个争议比较大的问题。

司法部是地方性法规、部门规章和地方政府规章的备案审查单位，审查的主要目的就是实现国家宪法和法律的实施，保障法制的统一性，以2022年度为例，司法部共备案审查了2313部法规规章，并对审查出的30部规章提出审查建议〔1〕。国务院办公厅《关于加强行政规范性文件制定和监督管理工作的通知》规定，行政规范性文件是除国务院的行政法规、决定、命令以及部门规章和地方政府规章外，由行政机关或者经法律、法规授权的具有管理公共事务职能的组织（以下统称"行政机关"）依照法定权限、程序制定并公开发布，涉及公民、法人和其他组织权利义务，具有普遍约束力，在一定期限内反复适用的公文。前述表述与国务院以前对规范性文件的表述在主要要素上基本相同，也是当前对行政规范性文件较为权威的表述。

制定行政规范性文件的行为是否为行政立法？有学者认为，行政立法是指国家行政机关依法定权限和法定程序制定行政法规和规章的活动。在使用行政立法的概念时，因侧重内容不同往往有不同的理解。行政立法有时是指全国人大和全国人大常委会制定法律的活动，这是从国家权力机关的分工上界定；有时则是指所有有权机关制定那些调整行政法律关系的法律、法规和规章的活动，这是从法的内容上界定行政立法。通常而言，行政立法是指国家行政机关依法定权限和法定程序制定行政法规和规章的活动〔2〕。

我国从国务院各部工作部门到乡镇人民政府，大量的行政主体均有权力制定并发布有关行政规范性文件。在大量出台的规范性文件中，有部分文件是落实法律法规规定的，有部分文件是对新兴领域进行规范和指导的，也有以新文件纠正或者纠偏原有行为的。规范性文件是什么在当下语

〔1〕　参见《司法部依法对2313件2022年法规规章备案审查 维护国家法制统一》，载http：//www. moj. gov. cn/pub/sfbgw/gwxw/xwyw/202307/t20230717_ 482724. html，2023年7月17日访问。

〔2〕　姜明安：《行政法》（第5版），法律出版社2022年版，第297页。

境中特别重要，厘清规范性文件的产生和来源是进行一并审查时要理顺的首要问题，否则会陷入被审查对象是什么都搞不清楚的问题中。从《立法法》的规定来看[1]，该法第110条第1款规定的"有关的专门委员会"主要是指宪法和法律委员会，包括常务委员会工作机构可以对报送备案的规范性文件进行合法性审查。此处的"规范性文件"是从"规范性"角度而言的，从语义解释而言，这里采用的是广义的解释，即只要符合法律、法规、规章等规范性文本形式上的要求，就可以被称为规范性文件。该"规范性文件"与法教义学上的"非规范性文件"相区别，如行政机关的行政决定、行政命令，人民法院的查封、扣押决定，各类裁判文书等。该类文件当然具有规范性和强制力，但毕竟该文件的适用不具有普遍性，也不具有反复适用性，只是针对具体的个人、单位而作出的决定。这是我们在法律规定上和法教义学上区分规范性文件和非规范性文件的前提。

我们通常所说的规范性文件是被排除在行政法规、地方性法规和规章之外的，规章之外的规范性文件极为广泛，这也是加强对规范性文件进行规范以确保其体系化和科学化的重要原因。实践中，对规范性文件的合法性审查，因地区、案件种类、个案的不同而不同。有的地方法院对规范性文件进行合法性审查，有的地方法院在面临地方干预的情况下，对合法性审查消极应付，除非规范性文件明显违法，否则会以"不抵触""不违法""没有关联性"等理由轻描淡写地逃避审查。制定规范性文件的主体众多，县市（县级市）级政府可以制定，地市级以上政府的工作部门也可以制定。如此庞杂的规范性文件在实施中如果得不到及时纠正或者规范化处理，必然会对法治建设及公民、法人和其他组织的合法权益造成损害。如在疫情防控期间，吉林省四平市发布《关于6月2日开展城区居民核酸检测的通告》，要求对于两次以上未参加核酸检测者，依法行政拘留10天，并处罚款500元，纳入失信人员名单，在媒体上进行公开曝光。该通告发布后，立即舆论哗然，该通告中的相关内容，特别是有关限制人身自由和罚款的内容，《传染病防治法》和《治安管理处罚法》都没有对此作出规

---

〔1〕《立法法》第2条规定："法律、行政法规、地方性法规、自治条例和单行条例的制定、修改和废止，适用本法。国务院部门规章和地方政府规章的制定、修改和废止，依照本法的有关规定执行。"

定，该市发布如此通告并没有贯彻依法防疫的方针，也违背一般的法律秩序。《立法法》修改后，赋予设区的市制定地方性法规和规章的目的是发挥地方优势，促进经济和社会发展，且对可制定规章事项作了限制。立法上的放权既是落实宪法规范中有关中央和地方关系的规定，也是鼓励地方结合区域实际制定因地制宜的发展举措。地方制定具体的行政管理事项绝不是背离法制统一性原则，如此规定不仅损害了人民群众的利益，也贬损了政府形象，凸显了政府在防疫中的随意性[1]。因此，规范性文件的质量和水平直接决定了依法行政和依法执政的水平，应当从源头上加强对规范性文件的治理力度。

行政规范性文件制定的程序性和实体性规定与行政规范性文件制定主体的法治意识和认知水平是高度相关的。在基层立法质量和执法层次尚存在缺陷和不足的今天，单纯希望提升规范性文件质量的美好愿望并不能消除我们的担忧。在疫情防控期间，县级政府或者乡镇政府层层加码，通过制定所谓红头文件增加隔离天数，限制人身自由等做法，凸显出了少数地方对规则和法律还缺乏尊重和敬畏意识。不通过法治思维和法治方式来解决问题，意图通过传统的所谓打压式的管控方式来解决问题的做法，已经违背了国家治理体系和治理能力现代化的要求，也与中央力倡的依法执政和依法行政的总体要求相悖。这类规范性文件的制定不仅不能促进问题的解决和纷争的化解，反而给我国的整体防疫工作带来了严重的负面影响。

二、规范性文件的学理内涵

党的十八届四中全会通过的《关于全面推进依法治国若干重大问题的决定》强调："加强备案审查制度和能力建设，把所有规范性文件纳入备案审查范围，依法撤销和纠正违宪违法的规范性文件，禁止地方制发带有立法性质的文件。"《全面推进依法行政实施纲要》指出："加强对规章和规范性文件的监督。规章和规范性文件应当依法报送备案。对报送备案的规章和规范性文件，政府法制机构应当依法严格审查，做到有件必备、有备必审、

---

[1] 《四平两次以上未测核酸行拘罚款引争议，官方最新通报取消表述》，载 https://m. thepaper. cn/baijiahao_ 18361229，2024 年 6 月 1 日访问。

有错必纠。公民、法人和其他组织对规章和规范性文件提出异议的，制定机关或者实施机关应当依法及时研究处理。"国务院《关于加强法治政府建设的意见》（已失效）就健全规范性文件制定程序、强化规章和规范性文件备案审查、加强对规范性文件的清理等方面专门作出了规定[1]。中共中央、国务院印发了《法治政府建设实施纲要（2021-2025年）》[2]。

（一）三要素界定

《宪法》第89条第1项规定，国务院可以规定行政措施，制定行政法规，发布决定和命令；第90条第2款规定，各部委可以发布命令、指示和规章。《地方各级人民代表大会和地方各级人民政府组织法》第73条第1项规定，县级以上人民政府可以规定行政措施、发布决定和命令；第76条第1项规定，乡镇人民政府可以发布决定和命令。前述行政措施、决定和命令多数是以行政规范性文件的方式对外发布。规范性文件的制定必须遵循相应的法定程序，必须具有上位法的规定，不管是创新性的规范还是具体执行性的规范，其基本前提是，不能违背上位法的规定，即便没有上位法，也不能违反一般的法的原则和精神。但现实生活中，面对新业态、新情况，规范总是滞后于现实，并非所有的行政规范性文件都有上位法的依据。如陈某诉济南市城市公共客运管理服务中心客运管理行政处罚案中，山东省济南市中级人民法院认为，如果从传统业态的监管来看，从事出租车运营应当具有相应行政许可资格，但鉴于该案中的当事人并非从事传统出租车运营，而是通过网络平台的派送信息从事网约车经营，该经营模式相对于传统经营模式具有较大的创新性，为了鼓励新生事物和新业态的发展，应当保持适度宽容，加之该类经营行为并未损害社会公共利益，相反还为不特定多数人提供了出行上的便利，为此，生效判决撤销了行政机关

---

[1] 程琥：《新〈行政诉讼法〉中规范性文件附带审查制度研究》，载《法律适用》2015年第7期，第89页。

[2] 中共中央、国务院印发的《法治政府建设实施纲要（2021-2025年）》"（九）加强行政规范性文件制定监督管理"要求：依法制定行政规范性文件，严禁越权发文、严控发文数量、严格制发程序。建立健全行政规范性文件制定协调机制，防止政出多门、政策效应相互抵消。健全行政规范性文件动态清理工作机制。加强对行政规范性文件制定和管理工作的指导监督，推动管理制度化规范化。全面落实行政规范性文件合法性审核机制，明确审核范围，统一审核标准。严格落实行政规范性文件备案审查制度。

的行政处罚。

规范性文件至今没有建立起统一的概念和界定标准。国务院法制办公室政府法制研究中心认为，行政规范性文件是指除行政法规、规章外，各级政府及部门在履行法定职责过程中，依据法律、法规、规章和上级政府规范性文件的制定，依据法定权限和程序制定的涉及公民、法人或者其他组织权利、义务，在一定时期内反复适用、具有普遍约束力的文件[1]。国务院办公厅《关于加强行政规范性文件制定和监督管理工作的通知》认为，行政规范性文件是除国务院行政法规、决定、命令以及部门规章和地方政府规章外，由行政机关或者经法律、法规授权的具有管理公共事务职能的组织（以下统称"行政机关"）依照法定权限、程序制定并公开发布，涉及公民、法人和其他组织权利义务，具有普遍约束力，在一定期限内反复适用的公文。《法治政府建设实施纲要（2021-2025年）》没有界定行政规范性文件的概念，但对行政规范性文件的监督进行了规定[2]。姜明安教授认为，行政规范性文件是国家行政机关为执行法律、法规和规章，对社会实行行政管理，依法定权限和法定程序发布的规范公民、法人和其他组织行为的具有普遍约束力的政令[3]。程琥认为，规范性文件的界定，要从制定主体的特定性、文件内容的限定性和文件效力的层级性出发[4]。规范性文件必须具备抽象性（即其所指涉的对象是不特定的人和事）和可重复适用性（即在该文件有效的范围内，可以重复地适用于受该文件约束的对象）两个基本特征[5]。江必新教授认为规范性文件是行政机关针对不特定对象发布的能反复适用的行政规范性文件。这一概念包含

---

〔1〕 参见国务院法制办公室政府法制研究中心编：《法治政府新热点——〈法治政府建设实施纲要（2015-2020年）学习问答〉》，人民出版社2016年版，第65页。

〔2〕《法治政府建设实施纲要（2021-2025年）》要求，建设法规规章行政规范性文件统一公开查询平台，2022年底前实现现行有效的行政法规、部门规章、国务院及其部门行政规范性文件统一公开查询；2023年年底前各省（自治区、直辖市）实现本地区现行有效地方性法规、规章、行政规范性文件统一公开查询。

〔3〕 姜明安：《行政法》（第5版），法律出版社2022年版，第314页。

〔4〕 程琥：《新〈行政诉讼法〉中规范性文件附带审查制度研究》，载《法律适用》2015年第7期，第89页。

〔5〕 李克杰：《地方"立法性文件"的识别标准与防范机制》，载《政治与法律》2015年第5期，第55页。

三个要素：一是规范性文件具有普遍约束力，它的通常表现形式是具有普遍约束力的文件；二是规范性文件是针对不特定对象作出的；三是规范性文件能够反复适用。江必新教授也指明，抽象行政行为是一种行政立法性的行为，抽象行政行为的结果是行政法规、规章和规范性文件[1]。

从行政性要素判断，行政规范性文件要符合三个基本要素：一是行政立法主体是行政机关；二是行政立法的客体是有关行政管理事项；三是行政立法的目的主要是执行法律、实现行政管理职能。[2]有学者认为，最早规定对规范性文件进行附带审查的是 2000 年最高人民法院通过的《关于执行〈中华人民共和国行政诉讼法〉若干问题的解释》（以下简称《2000年行诉法解释》）第 62 条第 2 款规定的"人民法院审理行政案件，可以在裁判文书中引用合法有效的规章及其他规范性文件"。[3]我们认为，这是解决裁判依据援引的问题，即并非附带审查或者一并审查的内容。2004年，最高人民法院印发的《关于审理行政案件适用法律规范问题的座谈会纪要》（以下简称《座谈会纪要》）认为，在论及关于行政案件的审判依据时，根据《行政诉讼法》和《立法法》的有关规定，人民法院审理行政案件，依据法律、行政法规、地方性法规、自治条例和单行条例，参照规章。在参照规章时，应当对规章的规定是否合法有效进行判断，对于合法有效的规章应当适用。《座谈会纪要》仍然对法律适用及裁判依据作出了规定。但相较于《2000年行诉法解释》，《座谈会纪要》赋予了人民法院对具体行政行为依据的规范性文件进行审查的权力。《座谈会纪要》在实践中的确发挥着司法解释的作用，但该司法解释与"两高"出台的司法解释还有所不同，比如，在"两高"联合司法行政部门发布相关座谈会纪要时，该文件的性质应属于规范性文件，而非单纯的司法解释。根据政治、经济和社会发展的需要，在贯彻落实党中央和国家重大方针政策上，司法机关之间、司法机关和司法行政机关之间往往联合发布相关规范性文件，如

---

〔1〕 江必新、梁凤云：《行政诉讼法理论与实务》（第 3 版）（上），法律出版社 2016 年版，第 410 页。

〔2〕 姜明安：《行政法》（第 5 版），法律出版社 2022 年版，第 298 页。

〔3〕 陈运生：《规范性文件附带审查的启动要件——基于 1738 份裁判文书样本的实证考察》，载《法学》2019 年第 11 期，第 165 页。

针对营商环境、针对少捕慎诉等要求，司法机关往往会根据文件要求对某一类行为在定性上或者处罚上有所区别，针对司法实践中的突出问题提出具体解决办法，此类文件也较为常见，关涉公民基本权利的保护，特别是涉及公民人身权和财产权等重要权利，在出台该类文件时更应当特别审慎。

前述规定，虽有行政主体参与，但该规范性文件规范的客体是司法认定中的客体，应视为司法性质的规范性文件，该类规范性文件并非对行政管理事项作出规定，而是司法裁判事项，显然不属于行政规范性文件。之所以将规范性文件交由人民法院最后进行审查判断，主要是因为在现行纠纷解决框架下，司法权仍是最终判断权，人民法院经过审查，认为规范性文件没有违反上位法的，可以认定该行政行为具有合法性，否则，人民法院会以规范性文件减损权益或者增加义务为由，撤销行政决定或者责令行政机关重新作出行政行为，这本身就表明了人民法院不认可该行政行为的合法性。

"裁判文书说理，要围绕证据审查判断、事实认定、法律适用进行，反映推理过程，做到层次分明。说理逻辑清晰严谨，是裁判文书事实清楚、论理透彻的重要保证。"[1]多数案件的证据呈现纷杂无序的特征，如果没有条理清晰的说理思路，则犹如管中窥豹，难以形成对证据的全面认识和分析，不仅可能影响认证结论的客观性，说理内容也不足以让当事人理解并信服。2009年，最高人民法院《关于裁判文书引用法律、法规等规范性法律文件的规定》（法释〔2009〕14号）在第1条阐述立法目的时，表述为："人民法院的裁判文书应当依法引用相关法律、法规等规范性法律文件作为裁判依据。引用时应当准确完整写明规范性法律文件的名称、条款序号，需要引用具体条文的，应当整条引用。"立法目的表明，这是在解决裁判依据问题，并非对行政规范性文件进行附带审查或一并审查。

在规范性文件是否可以援引依据上，《行政复议法》第37条第1款规定，行政复议机关审理行政复议案件，依照法律、法规、规章。在对规范性文件的合法性判断上，行政复议审查权可以视为行政机关第二次适用规范性文件，第二次适用可以视为对第一次适用的重新审视和检查，复议机关第二次适用的结果可能存在以下几种情形：其一，规范性文件不合法，

---

〔1〕 刘树德：《裁判文书说理原论》，法律出版社2023年版，第76页。

不予适用；其二，规范性文件合法，但本案事实不符合规范性文件规定的构成要件；其三，规范性文件合法，但适用该规范性文件导致案件结果存在明显的不合理之处，或者会减损申请人、第三人合法权益。《行政复议法》修改的路径遵循了《行政诉讼法》的立法思路，在复议程序和审理程序等方面，朝向司法化、程序化和规范化的路径，二者在实质性化解行政争议的方向上殊途同归。但正如《行政诉讼法》在规范性文件作为审查依据上还有诸多未尽事宜一样，在对规范性文件的内部监督上，《行政复议法》第56条和第57条，明确复议机关在行政相对人提出的审查申请中，如发现规范性文件违法或者在适用上存在重大明显违法情形时，分两种处理情形：一是在权限范围内按照法定时间自行处理；二是在法定时间内转送有权处理的国家机关依法处理。本次修法专节规定行政复议附带审查内容，以消除违法规范性文件在实际生活中的负面影响，从而在法治国的角度，维护现行《宪法》权威，提升法治国家、法治政府和法治社会的整体治理水平。《行政复议法》新法实施后，尚有待于我们多观察，多总结，特别是在附带审查流程上通过府院联动机制作出相应规定。

地方立法在回应规范性文件的合法性时，与现行制度并不存在抵牾。相反，根据党在依法治国中总揽全局和协调各方的优势，根据领导立法、保证执法、支持司法、带头守法的精神要求，可以在以下几个方面大有作为。其一，对规范性文件从源头上把控，提升立法质量。在尊重科学立法、民主立法等立法原则和精神的前提下，严格贯彻《规章制定程序条例》的程序要求，遵循《重大行政决策程序暂行条例》中公众参与、专家论证、风险评估、合法性审查、集体讨论决定等基本流程，严把启动关和程序关。其二，如发现规范性文件违反相应法律、法规和规章规定时，应当借鉴《重大行政决策程序暂行条例》第38条和第41条的规定，追究该规范性文件负责人或相关人员的责任，或借鉴《领导干部干预司法活动、插手具体案件处理的记录、通报和责任追究规定》《司法机关内部人员过问案件的记录和责任追究规定》《关于进一步规范司法人员与当事人、律师、特殊关系人、中介组织接触交往行为的若干规定》（以下简称"三个规定"）关于责任倒查的规定，追究相关责任人的责任。

实践中出现的党政联合发文，司法机关在实践中很难予以纠偏。党政联合发文在理论研究中也存在诸多问题。二者在制定内容的分工上还存在基于政治和法律的分野，同时在审查标准上也存在政治标准和法律标准的双轨机制。从大的方面来讲，完善以党章为根本的党内法规制度体系和以宪法为核心的国家法律规范体系是依规治党和依法治国的根本保障[1]。在行政法规制定方面，起草党政联合文件，除应当遵循《立法法》确定的原则外，还要符合宪法和法律的规定。制定政治方面的配套行政法规，应当按照有关规定及时报告党中央。制定调整经济、文化、社会和生态文明等方面重大体制和重大政策调整的行政法规，应当将行政法规草案或者行政法规草案涉及的重大问题按照有关规定及时报告党中央。党政联合发文的备案并无专门性文件进行规定，当前的思路是，涉及党内法规的，按照《中国共产党党内法规制定条例》《中国共产党党内法规和规范性文件备案审查规定》进行备案审查[2]。就党政联合发文的效力认定，从当前研究结果来看，目前有形式审查和实质审查两种主要的观点，形式审查认为，党政联合发文要看落款和文件本身，如果党政联合发文的主要内容是规范党务或者政策引导、施政方向，则直接以形式审查为主，可以节约司法资源，提升诉讼效率；如果党政联合发文内容涉及行政相对人的权利，对行政相对人产生实质性影响，则党政联合发文应当接受司法审查，由人民法院结合案件事实作出综合认定。

有关规范性文件的效力问题，当下学者研究较少，法院审查后除发出司法建议外，对建议落实的情况一般较少继续跟踪，此类司法建议与检察机关发出的诉前检察建议书在适用范围和监督力度等方面还存在较大差别。现行《行政诉讼法》第 64 条规定了"规范性文件不合法的，不作为认定行政行为合法的依据，并向制定机关提出处理建议"。该处理建议与司法建议间的关系，学界还较少研究。这些情况都给规范性文件集中清理带来了诸多困难，缺乏责任追究机制的结果是，以具有普遍适用性的法律文件作为依据，产生了诸多行政纷争，影响了政府公信力，破坏了营商环

---

〔1〕周佑勇：《党政联合发文备案审查的法治监督逻辑与机制完善》，载《中国法律评论》2023 年第 1 期，第 91 页。

〔2〕《中国共产党党内法规和规范性文件备案审查规定》第 4 条第 3 款规定，各级党委应当与同级人大常委会、政府等有关方面建立健全备案审查衔接联动机制。

境，浪费了司法资源。我们对制度的价值应当秉承一贯性，人们花费了相当长的时间来寻找一种能够控制和监督行政官员的行为，从而能够更好地保护公众利益的行之有效的方法，司法机关主动审查行政行为和监督行政权的滥用或许是最为有效的[1]。

从救济法的角度来讲，最早规定对规范性文件进行审查的，应属 1999 年《行政复议法》第 7 条的规定，对具体行政行为申请复议时，可以一并提出对"规定"的申请[2]，"规定"包括：乡、镇人民政府的规定，县级以上各级人民政府及其工作部门的规定，国务院各部门的规定。前述规定均为行政规范性文件。《行政复议法》颁行于 1999 年，对该类行政规范性文件的规制，仍属于行政自治，因为行政复议的核心目的在于内部监督，该法的立法目的除"保权"外，更重要的在于防止和纠正"违法和不当"的行政行为，毕竟，一个违法不当的行政规范性文件如果被执行，可能导致不特定多数人的权益遭到损害。如果说《行政复议法》是着重内部监督的话，从外部监督而言，最早对规范性文件明确作出审查规定的，应属 2015 年最高人民法院发布的《关于适用〈中华人民共和国行政诉讼法〉若干问题的解释》（已失效），该解释在内容上被 2018 年颁布的《行政诉讼法司法解释》所吸收，在"规范性文件的一并审查"中，自第 145 条至第 151 条对规范性文件的一并审查作出了详细规定，人民法院在行政诉讼中的审查依据才得以最终固定下来。[3]

（二）排除法界定

如前文所述，罗豪才教授认为，国内行政法学界所称的规范性文件，基本上是指除行政法规、规章和具体行政行为以外的，由行政主体制作

---

〔1〕 姜明安：《行政诉讼法》（第 4 版），法律出版社 2021 年版，第 97 页。

〔2〕 1999 年《行政复议法》第 7 条规定："公民、法人或者其他组织认为行政机关的具体行政行为所依据的下列规定不合法，在对具体行政行为申请行政复议时，可以一并向行政复议机关提出对该规定的审查申请：（一）国务院部门的规定；（二）县级以上地方各级人民政府及其工作部门的规定；（三）乡、镇人民政府的规定。前款所列规定不含国务院部、委员会规章和地方人民政府规章。规章的审查依照法律、行政法规办理。"

〔3〕《行政诉讼法》第 13 条第 2 项规定的"具有普遍约束力的决定、命令"，是指行政机关针对不特定对象发布的能反复适用的规范性文件。

的，针对不特定相对人的所有书面文件[1]。叶必丰教授认为，对规范性文件的研究，我国学者没有抓住分类关键，没有对规范性文件作认真细致的分类，从而在认识把握规范性文件上出现了诸多争议，他以规范性文件产生的法律效果为标准，将规范性文件分为创制性文件、解释性文件、指导性文件和告知性文件四种[2]。梁凤云法官认为，党委、人大和军事机关制定的规范性文件，显然不属于《行政诉讼法》第53条规定的规范性文件，从该条规定的语义来阐释，该规范性文件应当是指行政机关制定的行政规范性文件，根据行政主体法的一般理论，行政主体包括但不限于行政机关，因此，《行政诉讼法司法解释》规定的规范性文件除了行政机关，还包括了法律、法规和规章授权的组织制定的规范性文件[3]。国务院办公厅《关于行政法规解释权限和程序问题的通知》（国办发［1999］43号）针对三种不同情形对行政法规解释进行了明确。该通知将规范性文件区分为创制性解释和实施性解释两种。创制性文件独立地创设了行政相对人的权利和义务；行政解释性文件是行政主体为了实施法律、法规和规章，统一各行政主体对法律、法规和规章的理解及执行，进行解释形成的文件；行政指导性文件是引导行政相对人为或不为一定行为的非强制性行为；告知性文件没有设定权利和义务，而仅仅是告知相对人使其知晓。从前述分类来看，并未区分内部行政行为和外部行政行为，认为研究规范性文件的目的，主要是看对外对相对人的权利和义务是否产生影响，以及影响相对人权利和义务的行为是否合法有效。如果从抽象行政行为和具体行政行为的分类来看，具体行政行为即便是以抽象行政行为的形式作出，但如果从法律效果来看，影响的不是不特定多数人的权利和义务，不具有普遍约束力，该行为仍成为具体行政行为，或者只是一个具体的行政规定，而不能被称为规范性文件，从这个意义上而言，规范性文件属于抽象行政的内容，制定规范性文件的行为也属于抽象的立法行为。立法是对权利资源、权力资源

---

[1] 参见罗豪才主编：《行政法学》，北京大学出版社1996年版，第159页。姜明安主编：《行政法与行政诉讼法》，北京大学出版社、高等教育出版社1999年版，第171页。

[2] 叶必丰、刘道筠：《规范性文件的种类》，载《行政法学研究》2000年第2期，第45页。

[3] 梁凤云：《行政诉讼讲义》（下），人民法院出版社2022年版，第933页。

以及其他有关社会利益，进行法定制度性配置和调控的专门活动[1]。

　　胡建淼教授认为，有关行政机关制定规章以下的"行政规范性文件"，即行政规定，属于行政行为的一种类别和形式[2]。行政规定系指各级人民政府及其工作部门依据法律、法规、规章或者上级行政机关的有关规定，基于其行政职权的范围，针对不特定的行政相对人作出的，并可反复适用的行政规则。抽象行政行为是相对于具体行政行为提出的一个概念，指行政主体针对不特定的相对人作出的可以反复适用的规则，包括国务院制定行政法规；国务院有关工作部门制定规章；省级人民政府、设区的市和自治州政府制定规章；有关行政机关制定规章以下的其他规范性文件。1999 年制定的《行政复议法》没有沿用"其他规定性文件"一词，使用了"规定"一词[3]，后面的几次修改也没有改变这一表达，此后，行政规定与行政决定就成为行政法学中的基本理论。

　　如果单纯从行政主体的角度来界定行政规范性文件，似乎还不够周延，有些规范性文件并不是行政主体制定的，但包含了公权力要素，比如村民自治中，村两委讨论通过的文件，有些是涉及村民基本权利的事项，比如外嫁女是否有资格分得拆迁补偿利益，入赘男子能否落户并和其他村民一样享有村集体权益等。前述规范性文件虽非行政规范性文件，但涉及村级公共权力的行使，虽由村级集体组织制定，但因关涉全体村民的利益，不应当将其完全视为"自治范围内的事项"，此类规范性文件也应当纳入司法的监督范围内。并非所有的利益都是权利，只有为法律所承认和保障的利益才是权利。但法律不只是保护法定权利，在主观利益受到损失的情形下，非法定权利仍然可以作为法律保护的对象。在减损当事人权益上，该类规范性文件造成的影响，一点也不比行政规范性文件小。如在郑

---

　　[1]　周旺生：《立法学》（第 2 版），法律出版社 2009 年版，第 49 页。

　　[2]　胡建淼：《行政法学》（第 5 版），法律出版社 2023 年版，第 276 页。

　　[3]　参见 1999 年《行政复议法》第 7 条："公民、法人或者其他组织认为行政机关的具体行政行为所依据的下列规定不合法，在对具体行政行为申请行政复议时，可以一并向行政复议机关提出对该规定的审查申请：（一）国务院部门的规定；（二）县级以上地方各级人民政府及其工作部门的规定；（三）乡、镇人民政府的规定。前款所列规定不含国务院部、委员会规章和地方人民政府规章。规章的审查依照法律、行政法规办理。"

某琴诉浙江省温岭市人民政府土地行政批准案中[1]，将"应迁出未迁出的人口"及"已经出嫁的妇女及其子女"的建房权利与本村村民区别对待，直接剥夺了其基于本村村民的资格身份权利，显然与《妇女权益保障法》等上位法规定的精神不符。"个人没有权利，集体也没有权利。"村规民约是自治权和社会权的结合体，实践中很难将其单一界定为行政规范性文件，如自治性规定涉及诸如基本权利限定，关涉成员资格和重要权利义务的行使，应该赋予人民法院对该规范性文件的审查权，秉持司法最终决断的原则。

余军、张文在《行政规范性文件司法审查权的实效性考察》中认为[2]，司法权的行政化、过度科层化的权力组织导致法院对规范性文件实施司法审查的能力不足；司法审查标准有待完善；宏观层面司法制度改革需要跟进（单纯以行政化否定司法审查的效果和功能，或许应该是行政管理效能和效率的问题，应提升司法审查的效果和质量）。李成在《行政规范性文件附带审查进路的司法建构》中认为，附带审查主要从被诉请对象的可审查性、与争讼行政决定的关联性和行政规范性文件的合法性三个方面展开[3]。江必新教授认为，民事审判、刑事审判和行政审判均对应着不同的规则，即便是民事审判，传统民事规则和商事审判规则也不尽相同，行政审判的核心是对行政行为的合法性和其依据的合法性进行审查，这是行政审判法官应当特有的审判思维。

目前，我国法律法规对于规范性文件的含义、制发主体、制发程序和权限以及审查机制等，尚无全面、统一的规定。根据《规章制定程序条例》《法规、司法解释备案审查工作办法》有关制定程序的要求，行政规范性文件在我国有多种不同的称谓，有的是法律、法规、规章和司法解释上出现过的概念，如"规范性文件""其他规范性文件""规范性法律文件""行政规定""规定""决定""命令""指示"等；有的是纯粹的学术概念，如

---

[1]　参见浙江省台州市中级人民法院［2015］浙台行终字第 186 号。

[2]　余军、张文：《行政规范性文件司法审查权的实效性考察》，载《法学研究》2016 年第 2 期，第 42 页。

[3]　李成：《行政规范性文件附带审查进路的司法建构》，载《法学家》2018 年第 2 期，第 61 页。

"行政规范""行政规则"等,还有"红头文件"等一些非正式的称谓[1]。

三、规范性文件性质与规范性文件一并审查的关系

行政规范性文件的制定过程中,出现了以出台行政规范性文件为"政绩工程"的现象,行政规范性文件的数量得到了重视,但忽视了行政规范性文件的质量和特色,忽视了规范的可操作性和规范对现实问题与社会现象的因应[2]。规范性文件的审查标准因规范性文件性质的不同而各异。其审查标准是不一致的。从规范性文件的分类来看,行政规范性文件分为创制性规范性文件、解释性规范性文件和执行性(补充性)规范性文件。三类规范性文件对权利义务的干预程度有轻有重,故审查的强度也应当有所区别。总体而言,创制性规范的审查标准应该更加严格,从主体资格、职权职责、制定程序和是否影响公民的实质性权利义务等方面进行审查;解释性规范的审查标准和执行性(补充性)规范的审查标准的强度和广度渐次减弱。

政策和法律的关系还比较微妙,在很多地方和领域,需要政策先行先试,政策的制定过程即行政规范性文件的形成过程。在以政府主导型为主的社会发展进程中,政府对公共资源占有主导地位,引导着企业和其他社会主体的发展,可以说,政府既是规则的制定者,又是规则的执行者。公共政策的重心是公共权力机关与公民的关系,政府为达到公共目标、解决公共问题、实现公共利益,要经由一定的政治过程方能达成一定方案[3]。但要防范以政策考量取代司法判断的倾向。现代社会纠纷解决的一个突出特点就是司法最终裁决原则。司法解决纠纷有着行政解纷无法比拟的优势,官民间的冲突通过司法制度特有的公开公正运作机制,凭借言词辩论和相关证据规则由司法机关居中裁断,在很大程度上给社会治理设置了

---

〔1〕 孙首灿:《论行政规范性文件的司法审查标准》,载《清华法学》2017年第2期,第139~154页。

〔2〕 马怀德主编:《行政法前沿问题研究》,中国政法大学出版社2018年版,第180页。

〔3〕 俞可平等:《中国的治理变迁(1978~2018)》,社会科学文献出版社2018年版,第263页。

"缓冲带"和"防火墙"。无论是纠纷解决还是政策实施均为任何一个司法制度都具备的两大基本功能，现实中并不存在纯粹的以解决纠纷或者以执行政策为目的的司法制度。何海波教授在《论法院对规范性文件的附带审查》一文中认为，对规范性文件的定义，一旦进入具体的适用场景，分歧还是难免的，分歧不能靠定义来解决，对其使用作出论证和说明是论者的义务[1]。他主张，我们要把规范性文件放在具体的情境下理解，这一解释观点明显具有法官造法的性质，根据法庭查明的事实和规范性文件在行政行为中的作用作出判断，在遵从内心确信的前提下，由法官对规范性文件的性质进行判定，决定是否将其纳入附带审查范围。这一论点在司法裁断中具有合理性，毕竟在成文法系国家中，遵从立法原意是法治国的基本要求，而探寻立法者的立法意旨则是司法官的重要职责，在不违背立法原意的前提下，根据司法运行逻辑作出司法裁决，本质上并没有违背《行政诉讼法》的立法目的，在《行政诉讼法》的立法目的，即纠纷解决、权利保护和监督行政三重功能中，权利保护最为重要。其有利于实质性化解纠纷，通过司法理顺公民、法人和其他组织与行政机关之间的关系。但该论点的不足之处在于，如果把对规范性文件的识别权限交由法官的话，会带来司法适用上的进一步混乱，法官对规范性文件的理解各有不同，即便是对同一规范性文件，正所谓仁者见仁智者见智，司法认定标准的不一会加剧裁判结果的不一，最终损害民众对法治公平正义的信仰，损害法治的尊严和权威。前述负面影响不能不引起我们的警觉，建立一个主客观标准相统一的认定标准或许是当下的不二选择。规范性文件的治理必须纳入宪法视阈下，从法制统一性原理出发，不得违背宪法作为根本法的法律体系，当前，我们正处于以宪法为核心的社会主义法律体系建设这一宏伟工程之中，要创造性地利用宪法制度和宪法规定，破解国家在政治、经济和社会发展中存在的一系列难题，以宪法为基础，创制基础性、统领性和综合性的法典法律。未来工作应当以加强宪法监督和实施为主，积极稳妥推进合宪性审查工作。加强备案制度审查和能力建设，提升立法质量是后续工作

---

〔1〕 何海波：《论法院对规范性文件的附带审查》，载《中国法学》2021 年第 3 期，第 147 页。

的重心[1]。合宪性审查工作落实在部门法实施上，特别是行政管理领域，突出表现在十九大以后，党直接行使领导权和国家公权力[2]。党通过政治领导、经济领导等方式加强对社会生活的干预，在行政管理领域主要表现为党政联合，党在决策过程中组织领导所起作用的比重越来越大。在有些领域，名义上是以党的文件来行文，但具体行政管理举措由行政机关实施，在实施过程中侵犯公民、法人和其他组织权益的，行政相对人是可以依据现行救济法的规定提起行政诉讼的。在有些领域，比如涉及党的建设、纪律和规范性要求，其对外效力限于党群和党政机关范围，对象限于党员或者依法行使公职的人员，此类规范性文件则不宜由司法机关进行审查，该类规范性文件当然也不属于《行政诉讼法》第53条规定的规范性文件。这涉及规范性文件的识别问题。党政同责，一岗双责，更多的是政治要求和政治意义层面，不能以此要求反推只要有党政联合的规范性文件就是政治文件，不应当接受审查，这种论调也是不正确的。对规范性文件的合法性审查，要在现行宪制框架内，实现国家治理领域内的规范统一，以良法促善治。因此，在行政诉讼领域探讨司法机关对规范性文件的一并审查，仍然是在宪法和法律的框架范围内讨论，没有超出宪法监督和宪法实施的范围，依法治国就是依宪治国，依法执政就是依宪执政，宪法视阈下的审查，与依法治国方略，坚持党的领导，构建以宪法为核心的中国特色社会主义法律体系是紧密结合在一起的。

"宪法上的保障只是虚幻的保障。人们对它们可以置之不理。只要统治者发出威胁，并且有一个在他控制下的强有力的政治组织来贯彻它们，这就够了。"[3]宪法的保障是制度上的、宏观上的和政治上的保障。宪法的制度、精神、理念和原则需要在具体实施中，通过部门法甚至执政党的政策去贯彻落实。在宪法视阈下对规范性文件进行审查，既要考虑法制统

---

〔1〕 郑磊：《备案审查与法治体系的复调变迁》，载《中国政法大学学报》2022年第6期，第81页。

〔2〕 姜明安：《中国依宪治国和法治政府建设的主要特色》，载《政治与法律》2019年第8期，第2页。

〔3〕 [美]罗斯科·庞德：《通过法律的社会控制》，沈宗灵译，商务印书馆2010年版，第57页。

一性原理，又要考虑在执政党领导下，政策和法律实施的目的和效果的一致性。政策和法律是实施社会治理的两个轮子，如同鸟之双翼，车之两轮。在现行规范性文件审查背景下，人民代表大会作为权力机关在对规范性文件备案审查时，很难说其在审视时只单纯考虑一个面向，而是在符合政策和立法目的双重要素的前提下，将政策和法律考量的因素进行有机结合。即在考虑合法性时，兼顾规范性文件的政策性目的，在考虑政策是否合规时，兼顾规范性文件的合法性。企图让规范性文件具备完全的合法性和合政策性，或许只是我们的一厢情愿。立法目的不同，立场角度不一，行政决策和立法科学化、民主化的程序机制仍待进一步完善，特别是国家治理体系和治理能力现代化尚处于精细化、网格化演进之中，我们缺乏的不是宏观设计，可以说，顶层设计和上层架构的逻辑和运行总体上是顺畅的，当前缺乏的是将制度框架框定的各项具体制度落实落细，需要执行人员在理解了规范性文件的精神原则及立法目的后，不折不扣地执行文件精神。"我们有那么多人，可是地球却只有一个，每一个人的愿望不断地和他邻人们的愿望互相冲突和重叠。""各种利益之间之所以产生冲突或竞争，就是由于个人相互间的竞争、由于人们的集团、联合或社团相互间的竞争，以及由于个人和这些集团、联合或社团在竭力满足人类的各种要求、需要和愿望时所发生的竞争。"[1]在利益阶层高度分化、社会结构日益复杂的现代社会，不能寄希望于单一的"命令—控制"型的刚性行政管理模式，也不能主要依赖某种单一的行政管理方式来解决某一具体行政领域的所有问题。特别是立法、行政和司法工作人员要减少对规范性文件的误读误判，真正将制度设计的方案落地，减少因对公平正义追求而应当支付的试错和运行成本，高质量推动宪法和法治实施，让宪法构建的制度优势、文化优势、历史和传统优势化为共享优势，让人民真正享受制度红利。

---

〔1〕〔美〕罗斯科·庞德：《通过法律的社会控制》，沈宗灵译，商务印书馆 2010 年版，第 39~40 页。

第二章

行政规范性文件审查存在的问题

当前对规范性文件的一并审查，学界还存在不同的认识，有学者认为，对规范性文件不能直接起诉，原因在于我国没有相应的传统，即便是国外也要遵循"成熟原则"，在行政机关最终作出行政决定前，规范性文件是不能被纳入司法审查的[1]。域外对规范性文件的审查并非遵循"成熟原则"，而是看该规范性文件是否对公民权利造成了实质性影响。未来司法救济特别是行政诉讼救济，会越来越多地倾向于实质性利益受到损害者的保护上。如英国法院和裁判所对行政机关的监督主要是针对行政机关的违法行为，但侵害公民合法利益的行为应该不只限于违法行为，明显不当或者明显不合理的行为同样威胁甚至侵害公民的合法利益，为此引入行政监察专员制度来解决上述不当问题[2]。不断更新的制度会让人眼花缭乱，但权利是否受到影响，行政相对人作为发起者，具有启动权。实践中的问题是，如果原告没有提出申请，法院能不能审查，要不要审查？现行规定要求原告在提起行政诉讼时要发起对规范性文件的一并审查申请，这是人民法院获得合法性审查的前提，拒绝对规范性文件进行审查，是对法律的错误理解。人民法院对规范性文件的审查，作为人民法院司法权力监督行政权力的重要内容，是法院权力所在，职责所在。行政权力的愈发扩张与司法权的监督不到位有直接的关系，这里面既有行政权自身强大的传统和现实原因，也有司法权力执掌者没有有效利用制度优势为其自身争取

---

[1] 杨士林：《试论行政诉讼中规范性文件合法性审查的限度》，载《法学论坛》2015年第5期，第43~44页。

[2] 王名扬：《英国行政法》，北京大学出版社2007年版，第193页。

的原因，该争取的努力并非权力性争斗，而是就审判权自身在社会公正中发挥的作用日益重要却与其地位并不相匹配的事实而言，审判者自身需要通过公正审判增加自身的话语权和影响力。否则，一味地认为行政权掌握资源多，审判权自身赢弱，只能在制度框架内修修补补而非为公平正义而斗争的话，审判权不能监督行政权这一老生常谈的话题仍将持续下去。越来越多的学者认为，逐步扩大对包括规章在内的规范性文件的审查，按现行《行政诉讼法》的规定，规章要作为裁判的"参照"，如果不对规章进行合宪性和合法性审查，我们就无从得知规章是否合法，将规章等规范性文件纳入司法审查，对政府立法行为进行强有力监督，能够促进法治政府建设，有助于落实中共十八届三中、四中全会关于"维护宪法法律权威，推进法治中国建设"和建设法治政府、法治国家、法治社会的目标和任务〔1〕。在作者看来，对规章的审查应该遵循"渐进"原则，当前，对行政规范性文件的审查正在探索之中，规章的备案审查制度也日趋完善，人民法院在对审查行政规范性文件积累更多经验，形成科学规范的审查制度后，随着法治政府建设的全面推进，未来对规章的合法性审查不是没有可能。

对规范性文件一并审查，一度有学者提出提高审级的办法，具体做法是：对于县市级地方各级人民政府及其工作部门的规定以及乡镇人民政府的规定违反上位行政法规范或者地方性法规和法律的，初审应当由发布主体所在地的中级人民法院管辖；对省、自治区、直辖市人民政府，省、自治区人民政府所在地的市级政府的规范文件，由高级人民法院管辖；对国务院的规范性文件，由最高人民法院进行初审。但也有学者认为，这种突破并没有真正解决对于其他规范性文件进行合法性审查的问题。既然提高审级是一种创新和突破，不提高审级进行审理也是一种突破，为何还要提高审级呢〔2〕？对于规范性文件进行合法性审查的难点就在于法院严格固守法律的规定，对于法律没有明确授权的事项采取了消极态度。在姜某诉青岛市崂山区综合行政执法局、青岛市崂山区人民政府限期拆除决定及行

---

〔1〕　姜明安：《对新〈行政诉讼法〉确立的规范性文件审查制度的反思》，载《人民法治》2016年第7期，第13页。

〔2〕　江必新、梁凤云：《行政诉讼法理论与实务》（第3版）（下），法律出版社2016年版，第1514页。

政复议二审行政判决书中，法院认为，地方性法规，不予审查。法院认为，关于上诉人原审中提出对《青岛市城市管理相对集中行政处罚权条例》合法性进行审查的问题，原审法院认为《青岛市城市管理相对集中行政处罚权条例》属于地方性法规，不属于行政诉讼法规定的规范性文件的审查范围，该认定并无不当[1]。对地方性法规不予审查，从表面上看没有突破现行《行政诉讼法》第 53 条的规定，但对地方立法可能存在与上位法冲突的情形，司法机关能够做到的，不应当只是发出司法建议书，未来或许可以同"参照规章"一样，赋予司法机关选择适用权，对违法的地方法规可以不予适用，尽管这一点目前看来与现行《立法法》的规定相悖，但笔者认为，从监督行政权合法行使的角度来讲，未来应当提升人民法院在规范性文件司法审查上的力度和强度。

从司法实务角度考察更能全面地看到，备案审查制度在全国人大和国务院等层面贯彻执行得较好，地方对规范性文件的备案审查，因缺乏过程说明和分析而陷入不可知的层面，对备案审查中的程序，运行的规则和反馈程序，实践运行中难以有具体案例呈现在社会各界面前。对规范性文件审查最直观的还是通过司法运行的程序体现出来，有据可查且能够形成争点供理论与实务界进行研讨。

一、地方对行政规范性文件的管理规定

当前，各地以地方立法或者地方政府规章形式纷纷出台相关规范性文件管理规定[2]，以《江苏省行政规范性文件管理规定》（以下简称《规定》）为例，《规定》所指的行政规范性文件，是本省行政机关以及具有管理公共事务职能的组织制定的，具有普遍约束力和反复适用的文件。规范性文件制定行为本身并不可诉，同内部行政行为一样，诸如会议纪要、工作方案、请示报告等内容属于内部行政行为，只有在规范性文件颁布后或者内部行政行为外化后，才能产生可诉的法律效果。

---

[1] 参见山东省青岛市中级人民法院 [2018] 鲁 02 行终 737 号判决书。
[2] 以"行政规范性文件"为关键词进行搜索的话，从威科先行等法律数据库来看，省市为主体制定的行政规范性文件在近 3 年多达 700 余件。

　　有关内部执行的管理规范、工作制度、机构编制、表彰奖惩、人事任免等文件不作为行政规范性文件在理论和实务中争议不大，但对会议纪要、工作方案（无论对内还是对外）和请示报告一概不作为行政规范性文件的定性尚有争议。会议纪要、工作方案和请示报告往往会涉及下级对上级的请示事项或者下级请示上级特殊事项如何处理的问题，如果该问题涉及相对人的权利和义务，会涉及内部文件外化产生法律效力的问题，该类内部文件并不能因为规章规定为非行政规范性文件而逃避司法审查，如果该类内部文件在行政执法过程中影响了相对人权利义务，应当赋予行政相对人提起行政诉讼或提起行政复议的权利。安徽省通过委托立法的形式将行政规范性文件纳入立法轨道之中[1]。从各地发布的行政规范性文件内容来看，可能存在以上级文件为依据制定规范性文件的情况，如《广东省行政规范性文件管理规定》第8条规定，法律、法规、规章和上级文件对某一方面未作出明确规定或者规定不具体的，制定主体均可以制定行政规范性文件，该规章并未对"上级文件"作出明确规定，以文件制定文件的情形在当下还无法避免。

　　（一）规范性文件的制定主体

　　从《规定》第4条对制定主体的确认来看，主体较为宽泛，主要体现在：第一层次，地方各级人民政府，根据《地方各级人民代表大会和地方各级人民政府组织法》第70条的规定[2]，乡镇、街道办层级可以制定行政规范性文件；第二层次，县级以上地方人民政府所属工作部门和依法设立的派出机关；第三层次，法律、法规授权的具有管理公共事务职能的组织。如果从一级政府机关来看，将制定行政规范性文件的权力赋予乡镇等基层政府，能够发挥基层政府的积极性和主动性，使地方一级政权机关结

----

〔1〕　蒋安杰、李光明：《"安徽省行政规范性文件立法研究"课题启动》，载《法治日报》2022年10月12日。

〔2〕　《地方各级人民代表大会和地方各级人民政府组织法》第70条规定："省、自治区、直辖市、自治州、设区的市的人民政府分别由省长、副省长，自治区主席、副主席，市长、副市长，州长、副州长和秘书长、厅长、局长、委员会主任等组成。县、自治县、不设区的市、市辖区的人民政府分别由县长、副县长，市长、副市长，区长、副区长和局长、科长等组成。乡、民族乡的人民政府设乡长、副乡长。民族乡的乡长由建立民族乡的少数民族公民担任。镇人民政府设镇长、副镇长。"

合地方实际，制定符合地方经济发展的政策。从分权和地方治理看，尤其是十八大以后注重地方自治特别是基层自治角度来讲，地方各级人民政府制定行政规范性文件无可厚非。从第三层次来看，就去中心化和多元参与治理而言，市场主体的积极参与是民主社会和民主国家保障民主的具体体现。公私协力是发挥政府机构和非政府机构合力的重要组织方式，在现代社会，政府部门职能完全可由私主体来参与，特别是关系政府提供日常服务的部门和行业领域。诸如供水、供电、供暖、供气等非政府服务部门，该类行业部门往往在县、市、区等行政区域成立并发挥着管理职能。依据《社会团体登记管理条例》第6条的规定[1]，国务院民政部门和县级以上地方各级人民政府民政部门是本级人民政府的社会团体登记管理机关，因此，《规定》赋予第三层次法律、法规授权的具有管理公共事务职能的组织行政规范性文件制定权是符合现实和实际需要的。当然，该条规定对具有管理公共事务职能的组织进行了限定，即必须是法律、法规授权方可，规章授权的组织不能制定行政规范性文件。地方各级人民政府设立的议事协调机构，以及政府部门的内设机构、下设机构，不得制定行政规范性文件。禁止地方各级人民政府的议事协调机构、内设机构和下设机构制定行政规范性文件，主要是从职权法定和权力清单的角度出发，特别是在法治国家、法治政府、法治社会一体化建设过程中，有权必有责任、用权必受监督，议事协调机构、内设机构和下设机构仅为临时性机构，在职权上缺乏法律、法规的规定，同时该机构仅仅为在某一时期完成特定任务而存在，其组成机构和组成人员流动性大，其目标也因时因地不同而灵活易变，缺乏稳定性和长期性。故不宜将行政规范性文件的制定权交由议事协调机构、内设或者下设机构。保障诉权仍被视为行政诉讼的核心功能。人民法院保障作为行政相对人的公民、法人或者其他组织的起诉权利，若起诉权利得不到保障，整个诉权就无从谈起。人民法院保障行政相对人起诉

---

[1] 《社会团体登记管理条例》第6条规定："国务院民政部门和县级以上地方各级人民政府民政部门是本级人民政府的社会团体登记管理机关（以下简称登记管理机关）。国务院有关部门和县级以上地方各级人民政府有关部门、国务院或者县级以上地方各级人民政府授权的组织，是有关行业、学科或者业务范围内社会团体的业务主管单位（以下简称业务主管单位）。法律、行政法规对社会团体的监督管理另有规定的，依照有关法律、行政法规的规定执行。"

权利的基本途径就是依法受理应当受理的行政案件。从保障权利这个角度而言，实体法和诉讼法在目标上应该高度趋同。这一精神从《行政处罚法》《行政许可法》《行政强制法》中可见一斑。《行政许可法》第 26 条第 1 款规定，行政许可需要行政机关内设的多个机构办理的，该行政机关应当确定一个机构统一受理行政许可申请，统一送达行政许可决定。《行政处罚法》第 14 条第 2 款规定，尚未制定法律、法规的，地方政府规章对违反行政管理秩序的行为，可以设定警告、通报批评或者一定数额罚款的行政处罚。罚款的限额由省、自治区、直辖市人民代表大会常务委员会规定。从规章设定行政处罚的角度来看，《行政处罚法》对规章设定行政处罚作了较为严格的限定，在对规章设定声誉罚上，可以设定警告和通报批评，在设定罚款上，用了"一定数额罚款"的表述，该"一定数额"不仅要在法律和行政法规的限定范围内，同时，罚款限额应当遵从地方性法规的规定或决定。《行政强制法》将行政强制措施设定权限作了保留，根据该法第 10 条第 4 款的规定，"法律、法规以外的其他规范性文件不得设定行政强制措施"。可见，规章对行政强制措施无权设定。从各地制定的有关行政规范性文件的规定看，各地在出台规定时，用授权性条款和禁止性条款分别作出规定，将行政规范性文件在哪些情形下可以作出规定，哪些情形下不得作出规定进行了列举式规定，从文件制定的前端严把关口，避免作出扩大性或者不适当决定。

（二）规范性文件制定和监督的基本原则

《宪法》中有一切国家机关和组织都不得违背宪法的原则性规定。除《宪法》外，宪法性法律也对宪法精神和宪法原则的贯彻作了具体化规定，这些原则性规定都是行政规范性文件制定和监督的基本原则。《规定》对行政规范性文件制定和监督的基本原则也进行了规范，主要体现在以下几个方面：一是坚持党的全面领导原则，规范性文件应当在地方党委的领导下进行，涉及重大事项时，应及时向党委（党组）报告[1]；二是保障公

---

〔1〕《重大行政决策程序暂行条例》第 4 条规定："重大行政决策必须坚持和加强党的全面领导，全面贯彻党的路线方针政策和决策部署，发挥党的领导核心作用，把党的领导贯彻到重大行政决策全过程。"

民、法人或者其他组织的合法权益原则；三是坚持法定程序和法定流程、确保法制的统一性；四是坚持规范性文件的可适用性。在规范性文件的制定上，《规定》限制行政规范性文件的制发数量，已有的正在适用的规范性文件对相关事项作出规定的，不得再另行制定行政规范性文件。从《规定》第 13 条、第 14 条和第 15 条规定来看，规范性文件的制定借鉴了《重大行政决策程序暂行条例》规定的一般程序，比如要经过评估论证、征求意见、合法性审核、集体审议决定、向社会公布等环节。依照第 17 条第 2 款之规定，即便是乡镇人民政府制定的规范性文件也应当加强审核和监督。当前政府法律顾问已经相当普及，各镇、街都相继聘请了法律顾问来加强对政府重大决策过程的合法性审查，乡镇政府制定的文件，属于政府机关的末梢性文件，往往是重大文件决策制定的"最后一公里"。在提请县级法制部门进行备案审查前，最经济便捷的手段就是规范性文件的制定机关在镇、街党委的领导下，严格遵循法定程序，吃透上级文件和政策精神，充分发挥政府法律顾问在行政法制领域的有效作用。从源头上把控，提升规范性文件的质量。镇、街在制定规范性文件时，应当本着尊重基层、充分发挥民间自治组织和自治力量的作用，减少对经济的直接干预，放手配置市场，为民营主体提供有效服务，从制定规范性文件的目的出发，做到精简有效。当然，根据规范性文件的备案规定，行政规范性文件要纳入行政规范性文件备案审查，毕竟该类行政规范性文件直接进行适用，关乎法律、法规的规定能否得到正确有效的实施，关乎国家治理体系和治理能力现代化在基层社会治理中的实施成效。比如，在涉及矛盾和纠纷较多的拆迁领域，各地在拆迁补偿标准上相差较大，同一区、县也存在较大差异，有些镇、街经济基础较好，补偿标准较高，根据属地治理、属地负责的原则，存在违法拆迁时，当地镇街和综合行政执法部门往往成为共同被告。在人民法院认定被告行为违法后，通常会涉及行政赔偿，在赔偿诉讼中，原告很难提供区县内统一的赔偿文件，事实上，各镇、街一般都有自己的赔偿标准和赔偿流程。这些标准和流程均是通过镇、街自身发布，是较为典型的行政规范性文件。人民法院在审理此类行政赔偿案件时，并非只有当原告提出了对该类规范性文件的审查请求时才予以审查，而是看该赔偿标准是否符合上位法，是否与现行规定相抵触，这类规范性文件门类较多且体量庞大，基层治理是一种精细化治理，秉承的是合法依约诚信互助的法律规则和公序良序的向上向善的风尚，涉及法律规范和道德自律等多重内容，是规范基层社会法律关系的重要依据。较为妥当的方法是，可以探索在县一级政府司法行政部门专门配备行政规范性文件的审查机构或者工作人员，专职负责行政规范性文件的审核审查[1]。《决定》第 23 条对制定机构和审核机构之间的关系进行了规定，即有关单位对政府行政规范性文件草案送审稿有不同意见的，审核机构应当进行协调；经协调不能达成一致意见的，审核机构应当将协调的有关情况和处理意见，报请制定机关决定。

有关行政规范性文件的制定，有学者认为公众参与存在缺失。公众参与多在框架乃至内容基本形成后进行，参与节点过晚导致公众很难对行政规范中的实体性法律制度有所影响。公众提出的意见缺乏针对性，很多时候只是表明自己的立场，很难对具体的条文提出规范性建设可实施的建议，这就使公众参与流于形式，很难真正对行政规范文件的制定产生实质性影响。规范性文件的制定过程中，应理性听取受不利影响的利害关系人意见，让不同的主体展开平等和有效协商，使行政规范性文件内容更科学合理，避免特定利益群体以非正式的途径影响行政规范的形成[2]。

（三）规范性文件的备案

备案审查是为了确保法制的统一。向上一级政府或者上一级主管机关备案，将风险控制在系统内部，内部备案一般发生在内部业务科室之间，对规范性文件的语义和适用条件把握得更加到位，一般在理解上不存在歧义。如上级政府或者主管部门发现备案规范性文件在某些规定上存在问题，双方的沟通相对来说比较高效。以镇、街规范性文件向县区人民政府备案为例，在镇、街一级政府向上备案时，具体承办流程是镇、街司法行政部门向县区司法局所属备案审查部门申请备案，县区备案部门组织相关

---

[1]　实践中，区县司法行政部门多成立了诸如法制咨询服务中心、法律顾问与法律事务科负责规范性文件审查工作，包括承担镇、街规范性文件备案审查，定期清理相应规范性文件，查处违反规定制定规范性文件的行为，使规范性文件的制定、备案、审查更加规范化。

[2]　参见宋华琳：《跨国公司如何影响中国行政规制政策》，载《行政法学研究》2016 年第 1 期，第 25 页。

人员对规范性文件进行审查，如发现某些规范不符合上级政府文件的规定，就会直接向镇、街司法所工作人员指出，除非县区级备案审查部门审查意见与镇、街司法所或者法律顾问审查意见冲突较大，否则，一般来说，镇、街司法工作人员会按照上级政府备案审查部门的要求进行修改[1]。当然，在沟通过程中，也有双方召集在一起进行沟通协商的，就相关规定双方工作人员、制定人员和审查人员进行会商，如还不能达成一致意见，双方可以请求上级政府的指导帮助，或者按照部门领导进行会议讨论表决决定。

(四) 规范性文件的动态清理

在行政规范性文件的动态清理（管理）上，实施年限方面，《规定》明确了行政规范性文件有效期为 5 年，最长不超过 10 年，同时《规定》还建立了定期清理机制和公开查询制度。从地方实践来看，大多数地方制定的省级行政规范性文件都明确标明了规范性文件的有效期。从规范性文件"立、改、废"的角度看，行政规范性文件规定多是具体执行性或者解释性文件，此类文件具有较强的时效性。规范性文件制定后，对其施用后的评估必不可少，借鉴《行政处罚法》的规定，在地方法规设定相应处罚后，应当对该处罚实施的效果进行评析，此类做法与立法后评估相似，目的是提升规范性文件实施的质量和效能。实践中，规范性文件的制定往往多有报道，但其废除往往比较滞后，司法实践中也出现了规范性文件已经过了有效期，但在实践中仍然作为行政行为依据的情形。在数字化政府构建理念下，未来规范性文件应当依据政府门户网站进行公开，或者在规范性文件上明确有效期限，定期或者不定期对规范性文件的实施效果进行评估。根据评估结果决定规范性文件的存废。

从电子政务角度出发，应当建立行政规范性文件统一公开查询平台，供公众免费查询、下载。在现代网络科技支持下，对行政规范性文件的查询，秉承政务公开的原则，所有政府制定的行政规范性文件都应当通过统一的查询平台进行查询，同时，为了贯彻科学立法和民主立法的原则，多

---

〔1〕 梁凤云：《行政诉讼讲义》（下），人民法院出版社 2022 年版，第 950 页。

数地方制定的行政规范性文件还规定，如公民、法人或者其他组织认为行政规范性文件与宪法、法律、国家政策相抵触，有权向备案监督机关提出书面审查建议，在规范性文件实施阶段充分发挥民主监督的机制，利用好公众参与和公众监督机制的功能。司法实践中仍存在行政规范性文件已经失效但执法机关仍然予以适用、地方政府制定的规范性文件和国务院制定的规范性文件相冲突等情形〔1〕。

（五）规范性文件的监督

根据权责一致原理，严格规范性文件的制定，还应当加强对规范性文件的全过程监督。根据要求，规范性文件制定后应当报备，违反有关备案要求的，有地方规定应启动责任追究程序进行问责。该条规定体现了有权必有责、用权受监督的重要原则。除此之外，制定机关在制定后，按照规定要求应当备案，在制定机关向有关备案机构提出备案审查后，备案机关不接受，或者在法定期限内不作出处理的，各地也作出了相应规定，如对制定机关备案报送和拒不接受备案审查情况结果的，规定应当依法追责，包括通报、限期改正等手段，对造成严重后果的，还要依法依纪追究相关人员的责任。前述规定在一定程度上有利于提升行政规范性文件的质量，增强制定机关的责任感。

二、备案审查与一并审查的区别

备案审查与规范性文件一并审查内涵不同，前者侧重事前审查，属于系统内部的自我审查或者上下级审查；后者侧重事后审查，从规范性文件被适用后产生的法律效果上启动审查。一并审查的制度价值从宪法监督和合宪性审查来看，属于国家权力分工的内容，通过司法机关行使审判权来启动对行政权的监督，也只能是事后审查〔2〕；前者主要是权力机关部门的审查，后者主要是司法机关的审查；前者主要通过召开座谈会、听证会

---

〔1〕　参见［2018］湘1081行初328号判决书、［2020］赣7101行初215号判决书。

〔2〕　刘松山：《备案审查、合宪性审查和宪法监督需要研究解决的若干重要问题》，载《中国法律评论》2018年第4期，第32页。

或者征求意见的形式进行审查，后者主要是通过法庭审理的方式进行审查。备案审查更多的是从人大立法的角度，发挥人大监督职能，通过备案审查对违法的规范性文件进行废除或者废止。以《卖淫嫖娼人员收容教育办法》废止为例，国务院 1993 年依据全国人大常委会《关于严禁卖淫嫖娼的决定》制定了《卖淫嫖娼人员收容教育办法》，根据《立法法》的规定，限制人身自由的强制措施和处罚应属于全国人大或全国人大常委会的专属立法权，属于严格的法律保留事项。在《卖淫嫖娼人员收容教育办法》没有废止前，《治安管理处罚法》对卖淫嫖娼行为的处罚可以适用强制收容教育，其处罚程度已经远远超过了一般治安处罚的限度。《卖淫嫖娼人员收容教育办法》的实施不仅与宪法规定的基本原则和精神相悖，也违反了《立法法》等法律的具体规定，违背了法制统一的原理。2019 年 12 月，国务院向全国人大常委会提出《关于提请废止收容教育制度的议案》。随后，根据国务院提出的议案，十三届全国人大常委会第十五次会议审议通过了《关于废止有关收容教育法律规定和制度的决定》，明确废止《关于严禁卖淫嫖娼的决定》第 4 条第 2 款、第 4 款，以及据此实行的收容教育制度。2020 年 3 月，国务院公布《关于修改和废止部分行政法规的决定》（国务院令第 726 号），明确废止了《卖淫嫖娼人员收容教育办法》[1]。

（一）备案审查中存在的问题

备案审查工作已经成为地方政府法治建设中的亮点工作，从省级政府到乡镇政府，规范性文件的逐级审查已经成为法治政府建设的有效抓手。特别是省级政府对市一级、县区一级的备案审查，对提升规范性文件的质量、提高规范性文件的科学性治理成效明显，甚至在选区层级的治理中，县区级政府已经关注到各乡镇和街道制定的规范性文件的质量，通过合法性审查，制度性备案等要求，从源头上提升决策的科学化和民主化水平。尽管如此，备案审查中还存在比较突出的问题，如在面临司法机关和备案审查机关对某一条款的认知不一致时应当如何认定相关规范是否合法的问题。以某省政府办公厅发布的《关于明确行政复议时效的通知》为例，省

---

〔1〕 全国人大常委会法制工作委员会法规备案审查室编著：《规范性文件备案审查案例选编》，中国民主法制出版社 2020 年版，第 25 页。

级政府规章是否有权对行政复议的最长期间作出规定？争论在省级高院、省政府法制办和省人大常委会办公厅之间产生，不得不说现行法律的实施和理解等方面还存在着诸多不成熟之处[1]。2018 年 2 月，公民向某省人大常委会法制工作委员会提出审查建议，认为省政府办公厅于 2016 年 11 月颁布实施的《关于明确行政复议时效的通知》中关于"因不动产申请行政复议的案件，自具体行政行为作出之日起超过 20 年的，其他案件自具体行政行为作出之日起超过 5 年的，行政复议机关不予受理"的规定违反了《行政复议法》的精神，《行政复议法》并未对受理行政复议的最长期限作出限制，该规定减损了申请人的合法权利，请求依法撤销。省人大常委会法制工作委员会受理该审查建议后，分别征求了省政府办公厅、省政府法制办及省高级人民法院的意见。省政府法制办认为不存在应当纠正的不适当情形，主要理由是：①根据《行政复议法》第 9 条、《行政复议法实施条例》第 15 条的规定，行政相对人认为具体行政行为侵犯其合法权益的，应当自知道该具体行政行为之日起 60 日内提出行政复议申请。超过此期限申请的，行政复议机关不予受理。但是，对于不知道具体行政行为内容的行政相对人的复议权利，目前没有法律、行政法规作出明确规定。因此，该通知针对行政复议中的特定情形，对受理时限作出相应的明确，保障了行政相对人的复议权。②为保障复议与诉讼的衔接，在行政机关未告知复议权利、复议机关和复议期限情形下，修改后的《行政复议法》增加了第 3 款，与最高人民法院《关于适用〈中华人民共和国行政诉讼法〉的解释》第 46 条有效衔接，延长了行政相对人权利救济时可选择的维权期间。③依法作出的行政行为具有约束力和执行力，行政相对人应当尊重且执行已作出的具体行政行为。为了维护公共利益和既定行政法律关系的稳定，行政复议应当有期限。省高级人民法院认为该通知合法、有效，主要理由是：①法律规定行政复议期限的目的，一方面是保护公民法人或者其他组织的合法权益，促使其及时行使行政复议申请权；另一方面是保证行政效率，及时了结行政争议，使行政机关能够对社会进行有效的管理。②该通

---

〔1〕　全国人大常委会法制工作委员会法规备案审查室编著：《规范性文件备案审查案例选编》，中国民主法制出版社 2020 年版，第 195 页。

知在《行政复议法》未明文规定行政复议最长保护期限的情况下，对受理行政复议最长保护期限作出规定，从其制定目的、法律原则、立法价值三方面综合来看，是为了防止因当事人"知道或者应当知道"而无法开始计算起诉期限，从而导致行政法律关系无限期地处于不确定状态。同时，设置最长保护期限符合《行政诉讼法》的规定，保持复议与诉讼最长保护期限的一致性，有助于行政法律关系的稳定。问题的焦点在于：一是省政府办公厅是否有权可以在法律、法规没有明确规定的前提下，增加对行政复议制度的相关规定；二是除法律、法规外，其他规范性文件是否能对行政复议的时效作出具体规定。省人大常委会法制工作委员会研究认为，《行政复议法》第9条规定，公民、法人或者其他组织认为具体行政行为侵犯其合法权益的，可以自知道该具体行政行为之日起60日内提出行政复议申请；但是法律规定的申请期限超过60日的除外。因不可抗力或者其他正当理由耽误法定申请期限的，申请期限自障碍消除之日起继续计算。在上位法无明确规定的前提下，省政府办公厅无权增加对行政复议制度的相关规定，且规定的内容减损了公民权利。2018年5月，省人大常委会法制工作委员会就此问题书面请示全国人大常委会法制工作委员会。同年7月，全国人大常委会法制工作委员会电话答复，认为：《行政复议法》未对最长申请复议期限作出规定，省政府文件有关规定的内容虽然与修改后的《行政诉讼法》有关规定的精神是一致的，但作为省政府制定的规范性文件，在《行政复议法》作出修改前，不宜对最长申请复议期限作出规定。省人大常委会法制工作委员会及时将全国人大常委会法制工作委员会的意见向省政府法制办作了反馈，并就后续处理事宜作了多次沟通。2019年1月，省政府废止了该规范性文件。

（二）增加公民义务减损公民权利的问题仍然存在

实践中也存在擅自增加公民义务的规章。浙江省人大常委会法制工作委员会对《某市国有土地上房屋登记办法》有关规定进行了审查[1]。该办法第14条规定，"申请人申请房屋所有权转移登记时提交的赠与合同、

---

[1] 全国人大常委会法制工作委员会法规备案审查室编著：《规范性文件备案审查案例选编》，中国民主法制出版社2020年版，第203页。

分家析产协议、受遗赠证明和继承证明应当办理 公证",意即公民在办理涉及赠与、分家析产、遗赠和继承事项需要办理过户手续时,要按照该办法的规定首先进行公证,在缴纳公证费用后方能办理过户手续。该规定与《物权法》规定的不动产统一登记制度相悖,《物权法》分六类作了列举式规定,不动产登记时应当提交的材料是法定的,且需要提交的材料由法律、行政法规规定,地方政府规章包括规范性文件均不得增设相应规定。《物权法》没有要求提交公证文书的规定。其他法律、行政法规也没有房产过户时应当提交公证文书的规定。审查认为,该办法第 14 条的规定,违反了上位法的规定,设置了房产登记上位法没有规定的条件,减损了相对人的合法权益,增加了经济支出,应当依法予以纠正。2017 年 10 月,浙江省人大常委会法制工作委员会发出监督函,要求该市人大常委会依法监督处理并报告处理结果。11 月,该市政府完成该办法的纠正工作。

对不影响社会公共利益的行为,不宜立法的,仍然进行立法,对关于私人经济生活,本身是私法调整的范围,公法硬性介入。2018 年,山东省人大常委会法制工作委员会对《某市快递网点管理办法》进行了审查[1]。该办法第 18 条规定,"快递网点违反本办法第十一条规定,收寄、分拣、存储快件露天作业或者存在抛扔、踩踏、坐压快件行为的,由邮政管理部门责令改正,可以对设置快递网点的快递企业或者分支机构处五千元以下的罚款;情节严重的,处五千元以上一万元以下的罚款",该规定的适当性存在争议。研究认为,该办法为快递网点规定了禁止露天作业,禁止抛扔、踩踏、坐压快件等义务,其用意在于规范快递网点行为、保障快件安全,但保障快件安全是快递合同的题中应有之义,该办法对露天作业或者抛扔、踩踏、坐压快递行为设置的处罚条款是否合适,备案审查机关存有不同意见,审查认为,快递公司与投递人应为民事法律关系,双方签订的合同属于《民法典》中的运输合同,如果因为快递公司行为造成快递损毁,投递人可依据合同条款追究快递公司的违约责任,双方完全可以根据诉讼和仲裁手段化解双方的纠纷,设置行政处罚手段违反行政法上的比例原则,且

---

[1] 全国人大常委会法制工作委员会法规备案审查室编著:《规范性文件备案审查案例选编》,中国民主法制出版社 2020 年版,第 203 页。

没有上位法的规定，建议制定机关予以修改。后制定机关进行了修改。

三、规范性文件的识别问题影响了一并审查的范围

在检索案例时，笔者发现有些判例以原告提出的诉讼请求与行政行为所依据的行政规范性文件没有利害关系为由驳回诉讼请求，原告资格、利害关系这些判断不是随着审判积累越来越客观清晰，而是凭法官的自由裁量变得越来主观模糊。规范性文件的审查范围受制于原告的诉讼请求，这是原告启动审查的范围，也是原告的诉讼权利。原告诉求决定了诉讼系属的确定性，且一经选定就要接受司法的审查，但该审查仍应立基于原告的诉求之上[1]。

在胡某钧诉兰州市发展和改革委员会投资计划通知一案中，法院认为，项目建设涉及的土地使用权人或者房屋所有权人与项目审批、核准或者备案行为不具有利害关系，也不具有行政法上的权利义务关系，其以项目审批行为侵犯其土地使用权或者房屋所有权为由提起行政诉讼，不具有原告资格。在杨某青诉黑龙江省桦南县人民政府征收补偿纠纷案[2]中，政府常务会议纪要、办公会议纪要属于行政机关内部公文，并未公开发布，亦并未对当事人的权利义务产生影响。征收补偿方案及征求意见公告均系针对特定项目即桦南县东环景苑项目制定，不属于具有普遍约束力，在一定期限内反复适用的公文。因此上述文件均不属于《行政诉讼法》第53条所规定的规范性文件。以下案例可以反映出法院在审查规范性文件时的不同裁判观点。

（1）王某金、陈某仁与城乡建设行政管理房屋拆迁管理（拆迁）再审审查与审判监督行政裁定书（［2019］最高法行申277号）：从权利救济途径的直接性和便利性看，再审申请人针对行政机关根据经批准的涉案补偿安置方案所实施的与其直接相关的安置补偿等行政行为仍有权寻求提起诉

---

〔1〕 如《德国民事诉讼法》第263条规定，诉讼系属后，在被告同意或法院认为有助于诉讼时，准许为诉之变更。《日本民事诉讼法》第143条规定，原告以不变更请求的基础为限，在口头辩论终结前，可以变更请求或请求的原因。但是，由此而使诉讼程序显著拖延的，则不在此限。

〔2〕 最高人民法院［2019］最高法行申2113号裁定书。

讼，也可在起诉相关行政行为时依法一并要求对上述方案进行司法审查，故其直接起诉涉案补偿安置方案及其批复，亦不符合诉讼经济原则，申请再审的事实和理由难以成立，本院不予支持。

（2）李某平、李某莉与吉林省长春市人民政府、吉林省长春经济技术开发区管理委员会再审行政裁定书（［2017］最高法行申1248号）：应当指出的是，国有企业改制决定是行政机关依据相关政策结合当地实际作出的行政行为，属于行政机关行使自由裁量权的政策性决策行为，人民法院无法对该行为进行合法性审查，因此不属于行政诉讼的受案范围。但是，国有企业改制过程中，职工对行政机关未履行根据改制方案等应当承担的安置补偿义务行为不服提起行政诉讼的，因国有企业职工下岗安置补偿标准有法规、规章、行政规范性文件以及改制方案等依据可循，且可能侵犯职工的合法权益，属于行政诉讼的受案范围。一、二审裁定认为国有企业改制过程中的安置补偿行政行为不属于行政诉讼的受案范围不妥，本院予以指正。国有企业改革和职工安置中，因政策性较强，安置面广和涉及对政策的理解和解释等多重原因，人民法院在对类似案件审理中，往往更注重政府对政策的解释和运用，除非规范性文件明显违背上位法的规定，否则，人民法院对启动规范性文件的一并审查保持较为审慎的态度。

（3）武某五、武某省再审审查与审判监督行政裁定书（［2019］最高法行申11043号），温某春、温某积再审审查与审判监督行政裁定书（［2020］最高法行申1415号）：根据《土地管理法实施条例》第25条第3款关于"征地补偿、安置方案报市、县人民政府批准后，由市、县人民政府土地行政主管部门组织实施"的规定，市、县人民政府批准征地补偿安置方案的行为，是相关征收部门对被征收人进行补偿安置的依据，该行为所产生的法律效果涉及人数众多的不特定对象，其行为载体《征收补偿安置方案》具有一定普遍约束力，属于行政规范性文件范畴，不属于行政诉讼受案范围。对于此类影响行政相对人权益的规范性文件不能简单以对象是否特定来确定，而应当将从实质上是否侵害了合法权益作为是否可诉的标准。

一般而言，规范性文件区别于一般行政行为的本质特征是针对不特定对象的反复适用性。所谓不特定对象，表现为特定行政区域内作为适用对象的公民、法人或者其他组织不特定，而不能将规范性文件适用的特定行政区域视为特定对象。任何规范性文件都有特定的适用区域，适用区域的范围大小可能不同，但不能以规范性文件适用区域范围小，而认为规范性文件的适用对象是特定的。在陈某蒙与浙江省天台县人民政府一案中〔1〕，被诉169号文件虽然适用于特定的行政区域，但对该区域内的具体人员的适用却具有不特定性，并且能够反复适用，符合规范性文件的特点。因此，再审申请人以被诉169号文件主要针对西冷坑行政村和立新行政村，适用对象特定，主张169号文件不属于规范性文件的理由不能成立。在曾某章、曾某坚诉广州市政府案中〔2〕，中轴线补偿安置方案属于行政机关针对不特定对象作出的可以反复适用的抽象行政行为，是规范性文件，依法不能单独对其提出复议申请。因此，广州市政府以中轴线补偿安置方案是政府规范性文件，不属于行政复议的受理范围为由，驳回曾某章、曾某坚、曾某益的行政复议申请是正确的。二审判决驳回曾某章、曾某坚、曾某益的诉讼请求并无不当。

四、行政主体及职权要素是审查的重要条件

对于如何理解《行政诉讼法》所规定的行政机关法定职责的来源，通常认为，一般包括法律、法规，行政规范性文件等。在法律、法规层面，规定县级以上地方各级人民政府职权的主要是《地方各级人民代表大会和地方各级人民政府组织法》的第73条。在我国，法院对规范性文件进行审查不只是涉及行政诉讼法上的问题，同时还涉及宪法体制的问题。从该条规定看，在陈某龙诉山东省邹城市人民政府、山东省济宁市人民政府不履行法定职责案中，县级以上地方各级人民政府担负的职权一般不包括对具体违法行为的查处〔3〕。

（1）会议纪要不属于一并审查中的规范性文件范围。在王某云诉太平区政府发放取暖费用一案中，该会议纪要是制定、发布有关取暖费报销事

---

〔1〕 最高人民法院［2016］最高法行申2751号裁定书。
〔2〕 最高人民法院［2018］最高法行申9023号裁定书。
〔3〕 最高人民法院［2016］最高法行申2851号裁定书。

宜行政规范性文件的内部程序性文件，未对外发生法律效力，对王某云的权利义务没有产生实际影响[1]。王某云报销取暖费相关权利义务实际上是受到了太平区政府于 2001 年 10 月 29 日制定、发布，并发生法律效力的阜太政发［2001］10 号文件的影响。据此，一、二审法院认为取暖费报销事宜的会议纪要属于行政机关的内部行政行为，不属于人民法院行政诉讼的受案范围，对王某云的该项诉讼请求裁定不予立案受理，亦无不当。

（2）利害关系仍是决定审查的主要因素。在吴某宣辽宁省瓦房店市人民政府再审审查与审判监督行政裁定书（［2021］最高法行申 2653 号）中，吴某宣一审的诉讼请求为撤销案涉瓦政行复不字［2019］第 33 号《行政复议决定书》并责令瓦房店市政府重新作出行政行为，一并审查规范性文件《安置方案》《会议纪要》，但其与行政复议申请事项无法律上的利害关系，故吴某宣的复议申请和起诉均不符合法定受理条件。一、二审法院裁定驳回其起诉和上诉，且对其一并审查规范性文件的诉讼请求未进入实体审理程序，均无不当。

（3）原告起诉中对规范性文件的性质把握不准。在现实中，各种类型的规范性文件难以区分，各地区都有自己对规范性文件的认定标准，有时有些地区也会专门列出不属于规范性文件的情况。在实务中，因不属于规范性文件审查范围而无法进入到审查的案例也大有存在，例如：在青岛百林涧农业生态开发有限公司、青岛市崂山区综合行政执法局城乡建设行政管理房屋拆迁管理（拆迁）二审行政判决书（［2021］鲁 71 行终 45 号）中，原告申请一并审查的《青岛市城市管理相对集中行政处罚权条例》属于地方性法规，不属于规范性文件的审查范围，法院驳回其审查请求。依照国务院办公厅《关于加强行政规范性文件制定和监督管理工作的通知》（国办发［2018］37 号）的规定，行政规范性文件是行政主体发布的、具有普遍约束力的、在一定期限内反复适用的文件。2018 年，新的《行政诉讼法司法解释》出台之后，专门针对行政规范性文件作出了解释，将反复适用、具有普遍约束力作为行政规范性文件的特征。

（4）看似规范性文件实则不是规范性文件。不能只根据规范性文件的

---

〔1〕 最高人民法院［2015］行监字第 960 号裁定书。

形式来判定某个文件是否为规范性文件，而要从其实质内容出发，既要兼顾在理论上是否符合规范性文件的要求，又要在实质内容上进行审查。比如是否能反复适用，是否针对不特定人等。在葛某秀诉武汉市人民政府资源行政管理案中[1]，法院认为，原告提出对国务院办公厅《关于做好政府信息依申请公开工作的意见》(国办发〔2010〕5号)进行审查，根据《行政诉讼法》的规定，人民法院可以审查的规范性文件是国务院各部门制定的、地方人民政府工作部门制定的行政规范性文件，对国务院制定的规范性文件、命令和决定，人民法院无权进行审查。

根据现有的定义，行政规范性文件是指行政法规、规章以外的行政机关发布的规范性文件，行政规范性文件虽然不属于行政立法的范畴，但制定行政规范性文件的行为与行政立法行为具有相近性，不存在实质性分界，即随着行政法治的发展，享有规章制定权的行政机关数量不断在增加。现在的许多行政规范性文件将来有可能上升为规章而成为行政立法。[2]山东省青岛市中级人民法院〔2016〕鲁02行初234号刘某东诉青岛市李沧区人民政府政府信息公开一案行政判决书：其中，《山东省政府办公厅山东省政府法制办政府信息公开工作必读》仅是以问答形式就政府信息公开工作中的某些具体事项进行指导，不符合规范性文件的定义，不属于一并审查规范性文件的范围；《青岛市政府信息依申请公开工作办法（试行）》仅是被告作出被诉告知书的格式依据，也不属于一并审查的范围。因此，原告在法庭调查中提出的一并审查规范性文件的诉讼请求本院不予准许。山东省青岛市中级人民法院〔2016〕鲁02行终396号姜春某诉青岛市市北区人民政府、青岛市市北区财政局政府信息公开、行政复议二审行政判决书：不是规范性文件，不予审查。经审查，上诉人要求一并审查的青办法〔2012〕24号文件，系中共青岛市委办公厅文件，并非行政机关制定的规范性文件，上诉人所提出审查的上述文件，不属于《行政诉讼法》第53

---

〔1〕 原告葛某秀在诉讼中提出对被告市国土规划局作出被诉答复书所适用的国务院办公厅《关于做好政府信息依申请公开工作的意见》(国办发〔2010〕5号) 一并进行审查。该文件是国务院制定的，而非国务院部门制定，不属于行政规范性文件。参见湖北省武汉市江岸区人民法院〔2018〕鄂0102行初241号行政判决书。

〔2〕《行政法与行政诉讼法学》编写组：《行政法与行政诉讼法学》，高等教育出版社2017年版，第148页。

条所规定的可以对国务院部门和地方人民政府及其部门制定的规范性文件进行审查的行政规范性文件范畴，对上诉人的该项请求，本院不予准许。

（5）司法部门认定规范性文件的标准：

第一，形式标准。从落款上，在福建省嘉通石油贸易公司诉沙县交易市场监督管理机构行政执法案中[1]，面对我国海关总署、发改委、公安部、商务部、工商行政管理总局、国务院法制办等众多部委共同出台的明显带有规范性文件特点的《关于严格查禁非法运输、储存、买卖成品油的通知》，一审法院认定，该规范性文件虽名为通知，但从制定主体来看应当属于部门联合规章，事实上是我国根据不法运送、仓储、购买成型油实际问题的处理专项出台的规章，不属于本案一并审议的范畴。二审法院通过审理认为，该通知具有规章的法律位阶，人民法院依据《行政诉讼法》第53条的规定，只能审查规章以下的规范性文件，规章位阶的规范性文件无法进入合法性审查程序。

第二，内部文件或者称为内部管理文件。例如在孙某鑫与济南市公安局天桥区分局等其他二审行政判决书（[2020]鲁01行终638号）中，孙某鑫起诉要求对《关于暂停办理天桥区大桥街道办事处全域和泺口街道部分社区居民户籍相关业务的函》进行合法性审查，因该函仅向天桥公安分局送达，法院根据定义判断出该文件对所管辖的整个行政区域的公民、法人和其他组织行为不具有普遍约束力，属于行政机关的内部管理文件，不属于规范性文件。而各地区和司法实践过程中对于规范性文件的定义有时又不能达成统一意见。例如在陈某诉国家税务总局遵义市播州区税务局税务行政管理（税务）案中[2]，一审法院认为国家税务总局发布的国家税务总局税总函[2018]46号通知属于规章，不属于规范性文件一并审理的范围。二审法院则认为，该通知并未按照行政规章的制定程序制作；此外，国家税务总局2018年6月19日转交国家税务总局贵州省税务局《国家税务总局行政复议规范性文件审查决定书》（税复审字[2018]1号）明确表示，该文件的起草、审核、签发系按照《党政机关公文处理工作条

---

[1]　参见福建省三明市中级人民法院[2017]闽04行终27号二审行政判决书。

[2]　参见贵州省遵义市中级人民法院[2019]黔03行终83号二审行政判决书。

例》的规定，且国家税务总局亦是按照规范性文件的性质予以效力审查。二审法院突破形式认定的逻辑，认定该通知属于规章以下的规范性文件，符合一并审查的范围。

第三，实质判断标准：从立法目的上，综合运用信赖保护原则、比例原则。建立规范性文件合宪性审查机制应当确立三个基本的原则。第一层，要符合法的基本精神，遵循公平正义等基本法理和正常思维情感逻辑；第二层，要符合宪法的基本精神和原则，从根本法上审视规范性文件的合宪性，一国法律制度要适应该国政治、经济和社会的发展，与基本国情相适应，注重判决结果的可接受性和可执行性，从实质上化解纷争；第三层，要从法律和法规制定的目的和价值角度出发，不能违背法制统一性原理，制定法应符合《立法法》和其他单行法的规定，要经得起法律和法规适用时的推敲，在法律适用时综合考虑文义、体系、历史和目的等基本解释方法。

五、司法实践中对规范性文件的判断和识别

各地法院对规范性文件的判断和认识也存在差异，从形式要件来看，识别规范性文件主要从外部形式和内容表述、结构安排和行文名称等来判断。如监督检查办法、具体工作方案；或者是路线图、技术实施方案等。各地法院对规范性文件的识别有以下共性，主要表现为：

（一）地方法院对规范性文件的认定

（1）结合规范性文件的内容，进行实质性认定，如根据规范性文件的制定主体、职责权限等方面进行考察。从这一识别范围出发，如果制定主体是党群机构，人民法院对党群机关制定的规范性文件不进行审查[1]。规范性文件是指各级机关、团体、组织制定，涉及管理相对人权利、义务，具有普遍约束力并可反复适用的规定、办法、细则、决定、通告等文件，具有统一制作、统一编号、统一管理等特点。——［2015］渝二中法

---

〔1〕 如姜春元诉青岛市市北区政府、青岛市市北区发展和改革局行政纠纷案，参见青岛市市北区人民法院［2015］北行初字第 148 号行政判决书。

行终字第 00197 号

（2）规范性文件是指具有普遍约束力，能够反复适用的行政措施、决定、命令或者指示等行政规范。规范性文件一般包含外部性、普遍适用性、反复适用性三个特征。——［2016］鲁 0891 行初 119 号

（3）实践中存在"假象规范性文件"，即看似属于规范性文件，实则不然。实践中，行政机关为了执法和查阅法律、法规和规章的便捷，汇编了不少小册子，如《办案指导》《执法指南》《途径指引》等文件，这类文件看似规范性文件，实则是对已有制度和规范的分类整理，并非文件的创制[1]。——［2016］粤 53 行终 8 号、［2016］粤 53 行终 2 号

（4）《江苏省规范性文件制定和备案规定》第 3 条第 1 款规定："本规定所称规范性文件，是指……具有普遍约束力的各类文件的总称，包括政府规范性文件和部门规范性文件。"——［2015］鼓行初字第 189 号

（5）就规范性文件的位阶而言，规范性文件必须是规章以下的规范性文件，如果是国务院制定的规范性文件，即使没有履行严格的行政法规制定程序，该规范性文件也不能接受司法审查。如柯某贤诉福建省公安边防总队海警第三支队行政处罚案[2]，提请审查的规范性文件须为作出被诉行政行为直接适用的法律依据。——［2015］闽行初字第 133 号。

在规范性文件的制定程序上，人民法院考量程序是否合法往往参照以下几个路径：一是依据各地已经颁布的规范性文件制定办法；二是依据国务院《关于加强法治政府建设的意见》（国发［2010］33 号）（已失效）等政策性文件，根据文件内容对规范性文件制定程序的要求进行判断[3]，政策性文件在规范性文件的制定中发挥着重要作用，特别是在创制类规范性文件中，该类规范性文件基于政府管理的需要，在无制定法的依据下，需要对行业或者经济业态的新模式和新结构进行尝试，往往通过制定规范

---

〔1〕　如《武汉市卫生计生委分类处理卫生信访投诉请求途径清单》，参见湖北省武汉市江岸区人民法院［2016］鄂 0102 行初 55 号行政判决书。

〔2〕　参见福建省厦门市中级人民法院［2015］度行终字第 80 号二审行政判决书。

〔3〕　参见邱某与中山市城乡规划局行政许可案，广东省中山市中级人民法院［2016］粤 20 行终 254 号行政判决书。《法治政府建设实施纲要（2021–2025 年）》便规定，加强规范性文件的制定监督管理。

性文件的方式先行先试；三是根据文件制定时是否遵循了正当程序[1]，依据规范性文件制定的原则和精神进行判断。

（6）规范性文件在本行政区域或其管理范围内具有普遍约束力，如能够反复适用的行政措施、决定、命令或者指示等行政规范。——［2017］皖行终 602 号

（7）《浙江省行政规范性文件管理办法》（浙政令［2010］275 号）第 3 条规定，本办法所称行政规范性文件，是指涉及不特定的公民、法人或者其他组织的权利义务，在一定时期内反复适用，在本行政区域内具有普遍约束力的各类行政文件。——［2017］浙 0523 行初 21 号

（8）规范性文件一般包含外部性、普遍适用性、反复适用性三个特征。——［2017］鲁 08 行终 52 号

（9）通常对于规范性文件的理解是在本行政区域或其管理范围内具有普遍约束力，在一定时间内相对稳定、能够反复适用的行政措施、决定、命令等行政规范文件的总称。——［2018］青 0104 行初 15 号

（10）参照《山东省行政程序规定》第 43 条第 1 款，"按照法定程序制定并公开发布的，对公民、法人和其他组织具有普遍约束力，可以反复适用的规定、办法、规则等行政公文"。——［2018］鲁 0883 行初 71 号

（11）规范性文件是指在一定时间内相对稳定、能够反复适用的行政措施、决定、命令等行政规范性文件。——［2016］黔 27 行初 190 号

（12）《四川省行政规范性文件制定和备案规定》规定，规范性文件是涉及公民、法人或者其他组织权利和义务，公开发布并反复适用的，具有普遍约束力的行政文件。——［2018］川 0191 行初 88 号

（13）规范性文件是指行政机关为实施法律和执行政策，在法定权限内发布的具有普遍性行为规则的总称。——［2019］川 0191 行初 408 号

（14）行政规范性文件是由行政机关或者经法律、法规授权的具有管理公共事务职能的组织依照法定权限、程序制定的具有普遍约束力，反复适用的公文。——［2017］辽行终 408 号

（15）本案中，由于被诉决定及被诉复议决定系以《裁决程序规定》

---

[1] 北京知识产权法院［2015］京知行初字第 117 号行政判决书。

为主要依据作出，且该《裁决程序规定》系由北京市原国土资源和房屋管理局制定并发布的具有普遍约束力并能反复适用的行政规范——［2019］京0112行初104号

在上海行政审判十大典型案例（2017年）之十——王某某诉上海市律师协会不予准许执业许可决定案中，上海市徐汇区人民法院一审认为：市律协系社会团体并非行政机关，根据《行政诉讼法》第53条之规定，本案市律协制定的文件并不属于行政诉讼规范性文件审查的范围。遂判决驳回王某某的诉讼请求。王某某不服，提起上诉。上海市第三中级人民法院二审认为：一审认定《预备会员规则》不属于一并进行规范性文件审查的范围正确。在此案中，法院根据规范性文件的制定主体必须是行政机关，排除此案进行规范性文件司法审查的可能性。

上述判决主要是通过形式审查，或者采用排除法（法律、行政法规和规章的外在表现形式）来进行初步判断。在苏某淮诉兰州市人社局社会保障行政确认一案中，兰州市人社局根据《甘肃省实施〈工伤保险条例〉办法》对苏某淮作出了不予受理工伤认定的决定，原告苏某淮认为上述文件属于规范性文件，请求法院进行一并审查。法院经审查认为，《甘肃省实施〈工伤保险条例〉办法》在起草过程中，采取座谈会、论证会、听证会等多种形式广泛听取有关机关、组织和公民的意见，反复修改后形成甘肃省人民政府第88号令，经省人民政府常务会讨论通过予以公布。据此，《甘肃省实施〈工伤保险条例〉办法》是完全按照规章的程序制定的，应当属于规章，而不属于规范性文件，因此对原告提出的申请不予审查。不予审查的情形还存在于，如果行政行为不在受案范围内，被告作出的行为对原告的权利义务不产生影响，则案件不能进入行政诉讼管辖范畴，原告提出的对作为行政行为作出依据的规范性文件一并审查的请求则不能达成，"而行政诉讼作为一种最终救济手段，也应不断拓展其受案范围，最大可能地维护公民权益"。[1]

另外，规范性文件作为依据，如果在行政机关作出行政行为时已经失

---

［1］　江必新：《法律规范体系化背景下的行政诉讼制度的完善》，载《中国法学》2022年第3期，第26页。

效或者尚未生效，或者规范性文件仅作为内部工作程序、内部文件，并未对外产生影响力，没有损害行政相对人的实体权利，则该规范性文件不属于《行政诉讼法》规定的一并审查的规范性文件。

（二）最高人民法院的认定

最高人民法院 2018 年专门针对行政规范性法律文件附带审查这一类型的行政诉讼发布了九个典型案例，通过这几个典型案例为其他法院在类似案例的审判过程中发挥指导作用。在此，笔者基于最高法所发布的典型案例制作表格进行简单的分析。

案例	裁判结果	要点
1. 徐某英诉山东五莲县社会医疗保险事业处不予报销医疗费用案	行政规范性文件不符合上位法规定，不能作为认定依据，属于适用法律法规错误。	不合法
2. 方某女诉浙江省淳安县公安局治安管理行政处罚案	行政规范性法律文件内容符合上位法之授权，内容合法，与上位法不抵触。	内容合法
3. 袁某北诉江西省于都县人民政府物价行政征收案	行政规范性文件违反上位法的规定，不得作为合法性依据。	不合法
4. 大昌三昶（上海）商贸有限公司诉北京市丰台区食品药品监督管理局行政处罚案	行政规范性文件具有上位法依据，制定主体适格，并符合原食品安全法的立法目的。	内容合法
5. 郑某琴诉浙江省温岭市人民政府土地行政批准案	行政规范性文件的相关规定对本案原告不适用。	对象错误
6. 上海苏华物业管理有限公司诉上海市住房和城乡建设管理委员会物业服务资质行政许可案	行政规范性文件的规定与上位法不相冲突，制定主体、目的、过程符合规范，并无明显违法情形。	内容合法

续表

案例	裁判结果	要点
7. 孙某花诉原浙江省环境保护厅环保行政许可案	行政规范性文件并未违反上位法的规定，其不合法的主张不能成立。	内容合法
8. 成都金牌天使医疗科技有限责任公司诉四川省成都市科学技术局科技项目资助行政许可案	因基础行政行为不属于本案的受案范围，因而被申请审查的规范性文件也不是本案受案范围。	非实质性行政行为
9. 毛某梅、祝某兴诉浙江省江山市贺村镇人民政府行政强制及行政赔偿案	被审查的条款与本案被审查的对象即行政强制行为无关联，不予审查。	无关联

　　从表中裁判结果可以看出，在最高人民法院发布的九个行政诉讼附带规范性法律文件审查的典型案件中，法院的裁判结果中认定规范性法律文件违反上位法的概率较小，除有两个案例中规范性法律文件被认定不合法之外，还有三个案例由于其申请被审查规范性文件与原告提出的诉讼并无关联而不予审查。由此可以对此类行政诉讼案件进行总结，得出此类案件存在的共同点。行政行为与规范性文件之间的关联性也是关涉规范性文件是否被纳入一并审查的重要因素。对"关联性"的理解还可能涉及"关联行政行为"的认定。但法院显然不能对这一行为的合法性置之不理，而对该行为的审查又离不开对上述规范性文件的审查[1]。

（三）地方人民法院的认定

　　非行政规范性文件直接不予审查。在山东省青岛市中级人民法院 [2018] 鲁02行初168号陈某铭诉青岛市崂山区人民政府政府信息公开一案行政判决书中，根据被诉 [2018] 第1号《告知书》所记载的内容看，并未涉及崂山区两位副区长分别于2015年6月9日、2016年7月7日在青岛新闻网及房产网与网友交谈的文件，而且两位副区长在青岛新闻网及房

---

〔1〕　程琥等：《新行政诉讼法疑难问题解析与实务指引》，中国法制出版社2019年版，第306页。

产网与网友交谈的内容亦不属于行政法意义上的规范性文件,因此原告提出的该一并审查请求不能成立。同时,本案审查的是被告所作〔2018〕第1号《告知书》的合法性,因此原告要求本案一并审查"崂山区房屋征收管理局当初作出的具体行政行为的证据、依据和其他相关材料"的请求亦不能成立。山东省青岛市中级人民法院〔2018〕鲁02行终729号刘某杰、刘某龙诉平度市国土资源局房屋及土地行政注销二审行政判决书:规章不予审查,本院认为,《行政诉讼法》第53条规定,在本案中,被上诉人作出注销行为时所依据《土地登记办法》《土地登记规则》《房屋登记办法》的相关规定,系国土资源部、建设部发布的部门规章,并非规章以下的规范性文件,上诉人要求一并审查以上规章违反法律规定。山东省青岛市中级人民法院〔2018〕鲁02行终737号姜某诉青岛市崂山区综合行政执法局、青岛市崂山区人民政府限期拆除决定及行政复议二审行政判决书:地方性法规,不予审查。本院认为,关于上诉人原审中提出对《青岛市城市管理相对集中行政处罚权条例》合法性进行审查的问题,原审法院认为《青岛市城市管理相对集中行政处罚权条例》属于地方性法规,不属于行政诉讼法规定的规范性文件的审查范围,该认定并无不当。在不予审查的规范性文件中,有可能存在司法性质的规范性文件,也是不予审查的。山东省青岛市中级人民法院在〔2017〕鲁02行终836号宁某舰诉青岛市公安局高新技术产业开发区分局、治安行政处罚二审行政判决中认为,原告申请一并审查的青公发〔2013〕4号文《关于明确青岛市公安局高新技术产业开发区分局管辖及有关问题的通知》,系由青岛市公安局、青岛市中级人民法院、青岛市人民检察院、青岛市司法局联合下发,属于司法性文件,不是《行政诉讼法》第53条所规定的规范性文件,不属于本案行政诉讼审查范围,原告的请求应予驳回。

对当庭提出一并审查规范性文件的,法庭一般都会以超过期限为由,不予审查。但基于最高人民法院《关于适用〈中华人民共和国行政诉讼法〉的解释》第146条的规定,有正当理由的,可以在法庭调查中提出。山东省青岛市中级人民法院〔2018〕鲁02行初198号魏某美诉被告平度市人民政府行政复议一案行政裁定书:被诉北政复不字〔2018〕10号《不予受理行政复议申请决定书》明确载明其所依据的《工商行政管理部门消费者投诉办法》有关规定内容，因此原告在起诉之前就已明确知晓，原告在开庭审理前没有提出一并审查该文件的请求，其当庭提出申请超过申请期限且无正当理由。因此，本院已当庭告知原告，对其所提出的一并审查申请不予准许。因诉讼请求不明确而拒绝审查，在司法实践中也是常见的，如山东省青岛市中级人民法院［2018］鲁02行终123号张某芳诉平度市综合行政执法局撤销责令限期拆除决定书二审行政判决书：原告诉讼请求不明确，不予审查。经审查，在原审审理期间，上诉人并未将相关规范性文件进行审查作为明确的诉讼请求向法院提出，故原审法院未对规范性文件进行审查不违反程序法律规定。本院确认原审法院审判程序合法。

第三章

行政规范性文件的审查范围

　　规范性文件一并审查已经作为独立的案由被写入最高人民法院印发的《关于行政案件案由的暂行规定》，规范性文件一并审查主要审查原行政行为和行为所依据的规范性文件，事实上是多个审查方向，但审查重点没有偏离行政诉讼制度设计的目的[1]。最高人民法院在起初拟定行政案件案由规定初稿时，计划在 2004 年《关于规范行政案件案由的通知》的基础上根据《行政诉讼法》2014 年的修正要点补充相应内容即可，将行政案件案由分为行政行为类、行政协议类、行政赔偿类、行政补偿类以及一并审查规范性文件类和一并审理民事争议类。由此可见，一并审查规范性文件已经成为行政诉讼中的重要案由[2]。理论界对规范性文件和非规范性文件没有作具体细分，导致在实践中运用较为混乱，但在司法实务和立法方面，国务院办公厅《关于加强行政规范性文件制定和监督管理工作的通知》和一些地方出台的行政规范性文件规定等已经作出了详细界分。近几年地方政府为加强法治政府建设，对行政规范性文件规定的规范化、合法化和科学化多以地方政府规章（省级）加以规定，就行政规范性文件的制定、备案、动态管理和监督方面作出了较为详尽的规定。同时，为了规范数量庞大的行政规范性文件，国务院也就乱发文件、规范发文流程和监督检查作出要求，要求地方做好自查自纠、做好清理和衔接，切实保障人民

---

　　[1]　根据 2021 年 1 月 1 日施行的《关于行政案件案由的暂行规定》，一并审查规范性文件案件涉及被诉行政行为和规范性文件两个审查对象，此类案件案由表述为"××（行政行为）及规范性文件审查"。例如，起诉行政机关作出的强制拆除房屋行为，同时对相关的规范性文件不服一并提起行政诉讼的案件，案由表述为"强制拆除房屋及规范性文件审查"。

　　[2]　仝蕾：《行政案件案由制度解析与适用》，人民法院出版社 2022 年版，第 21 页。

群众合法权益，增强政府公信力〔1〕。

一、规范性文件的审查及于整个规范性文件

规范性文件应当如何审查，审查的范围关系审查的广度。根据《民法典》第 153 条，违反法律、行政法规的强制性规定的民事法律行为无效。但是，该强制性规定不导致该民事法律行为无效的除外。违背公序良俗的民事法律行为无效。规章以外的规范性文件不影响合同的效力。

在审查规范性文件时，我们会面临一个突出的问题，即规范性文件的审查范围是什么，是针对原告提出的诉讼请求进行审查，还是针对诉讼请求的相关部分条款进行审查，如该条款涉及的其他条款也存在违法需要撤销的情形，人民法院是否应该对全部条款审查？当前通行的做法是，人民法院对规范性文件进行司法审查时，通常只对出现问题的部分条文进行部分审查。但是法律是具有整体性的，单纯截取部分条文可能会造成断章取义，必须从整体对规范性文件进行审查。比如在广西女教师身高限制案中，广西壮族自治区桂林市教育局以《广西壮族自治区申请认定教师资格人员体检标准及办法（试行）》中"女性身高不足 150cm"的条文为依据作出了不予颁发教师资格证的行政行为。如果法院只是单纯依据这个条文进行裁断，那么势必会忽略该文件规范颁发教师资格证和促进就业的目的，从而导致判决结果难以服众。

（一）规范性文件的理解关乎规范性文件的审查

规范性文件的定义比较广泛。按照学界的逻辑，学界喜欢用狭义和广义来界分。罗豪才教授认为〔2〕，狭义的规范性文件是指各级各类国家行政机关，为实施法律，执行政策，履行职责，在法定权限内制定的除行政法规和规章以外的具有普遍约束力的决定、命令及强制措施等。规范性文

〔1〕 在规范性文件的制定和备案方面，江苏省出台了《江苏省规范性文件制定和备案规定》（已失效）以及《江苏省各级人民代表大会常务委员会规范性文件备案审查条例》（2020）。针对行政规范文件合法性审核的基本要求、审核范围、审核机构、审核内容、审核程序、审核意见和档案管理，《江苏省行政规范性文件管理规定》又作出了相应规定，并于 2022 年 8 月 1 日施行。

〔2〕 罗豪才主编：《行政法学》，北京大学出版社 2000 年版，第 160 页。

件一并审查是从狭义的角度来理解的。如果从排除法来看，规范性文件的制定主体主要是行政机关，党委和人大制定的文件是否为规范性文件应当作具体分析。在原告张某某诉被告区财政局案中，原告申请对某区委区人民政府《关于加强我区村级集体经济组织留用地管理的实施意见（试行）》进行附带审查。法院认定该规范性文件系区委发布的文件，不属于一并审查范围。[1]中共杭州市余杭区委杭州市余杭区人民政府《关于加强我区村级集体经济组织留用地管理的实施意见（试行）》（区委〔2010〕40号）文件系杭州市余杭区委发布的文件，不属于《行政诉讼法》第53条规定的规范性文件审查范围，故对原告张某某要求对上述文件进行审查的请求，法院不予支持。在法律、法规未有对关于村集体经济组织留用地土地出让收益返还予以规定的情况下，余杭区财政局根据上述文件的规定将土地出让金扣除村级提留和税费后，予以返还给五常街道办事处统一管理，并无不妥。不得不承认，我们在解决问题的同时也在制造着新的麻烦，正如在行政法的基础性行为中，我们企图用行政命令代替行政处理，在没有界定清楚行政命令行为和行政处理行为时，又混淆了行政处理与行政处罚的界限。比如责令限期拆除行为，该行为到底是行政处罚行为还是行政处理行为，学界至今存有争议。我们在解释某一个行为能否被纳入司法审查时，一方面，我们主张要防止程序空转，要进行争议的实质性化解；但另一方面，我们又在强调行政诉讼的受案范围，认为党政联合发文不属于规范性文件一并审查的范围，对规范性文件中存有的违反上位法规定的行政行为的合法性不置可否，导致党政联合发文在党内法规系统和国家法律系统中均未受到明确的备案审查规则约束，实践中容易逸脱法治监督[2]。有学者认为[3]，党委或者党委与政府联合发布的规范性文件，不宜从《行政诉讼法》第53条的"范围中排除出去"。因为，一旦将这类规范性文件排除在请求客体范围之外，行政机关就可能通过这个途径制定、发布可以作为行使行政职权依据的规范性文件，从而架空《行政诉讼法》

---

〔1〕 参见杭州市余杭区人民法院〔2015〕杭余行初字第108号行政判决书。

〔2〕 周佑勇：《党政联合发文备案审查的法治监督逻辑与机制完善》，载《中国法律评论》2023年第1期，第93页。

〔3〕 章剑生：《现代行政法总论》（第2版），法律出版社2019年版，第483页。

第53条的规定。人民法院对行政机关作出行政行为依据的党委文件进行合法性审查的个案也不在少数。

在原告张某某诉被告区财政局案中，原告申请对某区委区人民政府《关于加强我区村级集体经济组织留用地管理的实施意见（试行）》进行附带审查，法院认为在法律、法规未对村集体经济组织留用地土地出让收益返还予以规定的情况下，余杭区财政局根据上述文件的规定将土地出让金扣除村级提留和税费后，返还给五常街道办事处统一管理，并无不妥。上述观点存有缺点：一是如果没有上位法的规定，余杭区财政局能否将涉及村集体经济组织的权益进行分配？二是根据基本的公法原理，在行政机关无法定授权的前提下，行政机关是否有自行便宜的权限，该权限的来源和边界是什么？法院在该案的审查过程中提出了问题，也回避了问题，希冀法院凭其一己之力来解决当下改革发展中积累存在的问题，法院确难承受其重。实践中存在被告依据行政机关与党的部门联合发布的文件作出行政行为，法院认为规范性文件与上位法冲突，从而认定规范性文件不予适用的情况。如在佛山市南海区狮山镇人民政府等诉欧某龙行政处理决定纠纷案中[1]，行政机关根据中共佛山市南海区委员会南发［2018］11号文件第4条第3项的规定，认为被上诉人属于非婚生子女，不应具有农村集体经济组织成员资格。但该规定违反了《广东省人口与计划生育条例》第38条对违反计划生育的人员在农村股份合作制分红及其他福利待遇的享受方面的限制，故该规范性文件应不予适用。

（二）审查范围

是审查具体条款还是审查整部规范性文件；在对规范性文件进行审查时，究竟是审查被诉行政行为所依据的具体条款还是审查整部规范性文件，学界存有争议，该争议的实质是，对规范性文件究竟进行形式审查还是进行实质性审查的问题。行政机关在援引规范性文件中的具体条款时，可能存在据以作出行政行为的依据与行为不相匹配的问题，在此情形下，司法审查时就不能只顾行政决定文书中所援引的条款，而要查明规范性文

---

〔1〕　广东省佛山市中级人民法院［2014］佛中法行终字第168号行政判决书。

件中，是否有支持行政行为的条款存在，这一查明，并非要为行政机关的合法性寻求支持，毕竟依据行政法与行政诉讼法的有关规定，行政行为一经作出，行政机关或者任何其他组织个人都不得事后为补救行政行为合法而另行作出相应行政行为。如在有些案件中，行政机关在作出行政行为时的依据和在答辩状中提出的行为依据有出入，应当以作出行为时援引的依据为准[1]。司法审查的过程要求行政机关在作出行政行为时，就要考虑违法案件事实和行政机关收集掌握的证据。人民法院在司法审查过程中仅为居中裁决，不得为证明行政行为合法而寻求合法性依据，退一步讲，即便存有在行政行为作出时对行政机关有利的依据和证据，也需要遵循行政诉讼程序由行政机关提供，法院没有义务也无职权就行政行为的合法性提供论证或者提供直接依据。现实中，法院在具体案件的裁决中往往会存在"被绑架"的可能，在某些类型的行政案件中，行政机关以掌握对某行业或者某领域的监督权为由，将监督权解释为可以直接行使的行政管理职权，侵害行政相对人利益。在行政相对人诉诸法院后，行政机关明知自己没有具体执法依据，在法院审理过程中，以维护公益身份自居，称如果作出对行政机关不利的判决，将会严重影响执法机关的权威，严重损害社会公共利益，无形中给法院带来了压力。特别是规范性文件一并审查的案件类型，该类诉讼本质上是主观诉讼和客观诉讼交织存在，规范性文件一旦被认定违反上位法规定，已经作出的行政行为就会存在多米诺骨牌效应，行政机关为避免该情形出现，在很多情形下会采取一定措施，试图通过影响法院的裁决来维护其执法声誉和权威。

一个不可忽视的问题是，人民法院在对行政规范性文件进行解释的过程中，法官解释的标准在面对行政规范性文件时是否应当存在区别？或者说在解释法律时适用的标准是否应该和在解释行政规范性文件时保持一致？遵循经典法律解释的方法，无论是用主观解释还是用客观解释，在文义解释、体系解释、历史解释和目的解释的过程中，既要考虑主观解释的客观性，又要考虑社会现实和法律规范之间的衔接性。在确保现代法学解

---

[1] 参见张某芬诉合肥市企业养老保险管理中心审查职工退休养老金审核案，安徽省合肥市蜀山区人民法院 [2015] 蜀行初字第 00033 号行政判决书。

释论和方法论基于法的公平和正义角度上，最大限度减少因个人意志和主观偏好带来的"实用多元"的解释方法[1]。法官在认定行政规范性文件的合法性时，也应当注重从行政规范性文件的制定权限、制定目的、制定程序等多重因素出发，从"实质标准"（权利义务关系上）上对行政规范性文件作出审查[2]。

《行政诉讼法》第 53 条规定了对于符合法律规定的行政规范性文件的一并司法审查。一并审查应当注重实质性审查，这里应当从实然和应然的角度来看现行审查，根据司法最终裁判原则，人民法院对行政机关作出行政决定的行为有权进行审查，对其行为所依据的行为也应当有权进行审查，这样才体现法制统一性原理，毕竟在现行政治架构中，人民法院享有司法判断权，当然该最终判断权也是在党的领导下实现的。司法最终裁决权就体现在，在宪法的框架下，实现不同部门法和不同法律效力的"法"之间的衔接和协调，这是规范性文件一并审查在宪法视阈下应当发挥的制度性作用。在超越权限上，浙江省某市人大常委会法制工作委员会对《某市户外广告设施设置管理办法》进行了主动审查。该办法对违法设置户外广告设施设定的罚款权限为 1000 元至 5000 元，该罚款数额超出了上位法的规定，《浙江省城市市容和环境卫生管理条例》第 18 条第 3 款规定："户外设施的设置者应当负责设施的日常维护和保养，保持其整洁、完好；图案、文字、灯光显示不全或者污浊、腐蚀、陈旧的，应当及时修复。"第 6 款规定："违反本条第三款规定的，责令限期改正；逾期不改正的，处五十元以上五百元以下的罚款。"该办法第 35 条的处罚突破了上位法的处罚上限，与上位法的规定不一致。后来，市政府完成了该办法的修改工作[3]。

规范性文件实践中不完全等同于红头文件（通知），红头文件（通知）是生产生活中一种口头化的表述方式，实践中将行政机关包括行政机关之外的公权力部门发布的具有普遍约束力的文件称为红头文件（通知），其

---

[1] 牟治伟：《合理裁判的方法——读默勒斯的〈法学方法论〉有感》，载《人民法院报》2023 年 2 月 3 日。

[2] 胡东、于博洋：《行政规范性文件认定标准的反思与重构》，载《行政论坛》2023 年第 3 期，第 138 页。

[3] 全国人大常委会法制工作委员会法规备案审查室编著：《规范性文件备案审查案例选编》，中国民主法制出版社 2020 年版，第 187 页。

外延与内涵的范围要大于学术的表达范围。根据红头文件执法已经成了行政机关依赖的执法方式，执法差异性和统一性需要根据现实需要进行一定的变通，依据一个标准执法也会导致不公平的结果发生，诸如各地经济发展水准的差异，完全按照一个模式进行执法，会产生实质的不正义。但差异性不能突破法制的一般原则和基本要求，不能不讲程序，不能按长官意志执法。实践中发生的诸多侵犯公民财产权的案件，多与在实践中没有考虑实质公平有关，甚至有些基层官员认为只要有红头文件，就拿到了执法依据和"尚方宝剑"，此类错误认识还有待于通过人民法院的司法审理得到澄清。

根据前述法律规定，人民法院附带审查的规范性文件为由国务院部门和地方人民政府及其部门制定的规章以下的规范性文件，但是在实际生活中规范性文件的形式多样、内容丰富、数量庞大，种类繁多，人民法院在认定什么是属于附带性审查的规范性文件时也面临诸多问题，结合实践中已有的司法判例，总结以下几类被人民法院认定不属于审查范围的文件。

（1）根据2017年修正的《行政诉讼法》第13条第2项及第53条，行政法规和规章明确不属于审查范围。在张某新诉被申请人辽宁省政府行政复议决定一案中[1]，上诉人张某新称一审法院遗漏其诉讼请求，未对辽宁省政府作出行政行为依据的《信访条例》和《行政复议法实施条例》进行审查，辽宁省高级人民法院认为，本案中被上诉人辽宁省政府作出的驳回行政复议申请决定所依据的《信访条例》和《行政复议法实施条例》均系行政法规，不属于人民法院可依当事人申请进行附带审查的规范性文件范围。谭某诉司法部行政纠纷一案中[2]，谭某诉请法院对《律师事务所年度检查考核办法》进行审查，最高人民法院认为，《律师事务所年度检查考核办法》是以司法部第121号令的形式颁布实施，是司法部在其职权范围内发布的调整部门管理事项的部门规章，不属于行政诉讼附带审查范围。申请人要求在行政诉讼中对《律师事务所年度检查考核办法》进行审查不符合法律规定。

---

〔1〕 最高人民法院〔2018〕最高法行申1004号。
〔2〕 最高人民法院〔2017〕最高法行申5416号。

（2）最高人民法院《关于适用〈中华人民共和国行政诉讼法〉的解释》第 69 条规定："有下列情形之一，已经立案的，应当裁定驳回起诉……（六）重复起诉的……"可知，因人民法院在行政诉讼中对行政行为依据的规范性文件是附带性审查，若人民法院已对依据规范性文件作出的行政行为进行审理并作出生效裁判，当事人重新提起的行政诉讼中，即使增加对原行政行为依据的规范性文件进行审查的新的诉讼请求，仍会被裁定驳回起诉。相关参考案例：［2018］最高法行申 1467 号，邢某亭诉山东省济南技术产业开发区管理委员会、山东省济南市综合保税区发展中心行政违法一案中，邢某亭增加新的诉讼请求，要求附带审查济南综合保税区筹委会《关于章锦片区拆迁补偿安置的实施方案》（济综筹发［2014］1 号）的合法性。最高人民法院认为，再审申请人邢某亭曾就涉案宅基地上房屋的拆迁补偿问题提起过行政诉讼，山东省高级人民法院二审作出［2016］鲁行终 499 号行政裁定，该裁定已经发生法律效力。本案中，邢某亭虽然增加了新的诉讼请求，要求附带审查济南综合保税区筹委会《关于章锦片区拆迁补偿安置的实施方案》（济综筹发［2014］1 号）的合法性，但主诉仍是基于对拆迁安置补偿问题不服提起的行政诉讼。故原审以邢某亭重复起诉为由裁定驳回并无不当。山东省青岛市中级人民法院［2018］鲁 02 行终 662 号宋某生诉青岛市国土资源和房屋管理局房屋行政登记不予答复二审行政判决书认为[1]：未对具体行政行为起诉，不符合附带性，不予审查。《不动产登记操作规范（试行）》只能依附于不予受理通知书同时被法院审查。但是，在上诉人不对不予受理通知书提起诉讼的情况下，法院对不予受理通知书无权主动审查，法院亦无权主动审查《不动产登记操作规范（试行）》的合法性，故原审法院对该规范不作审查，建议上诉人另行主张的意见成立。

（3）不具有普遍约束力的规范性文件不属于行政诉讼附带审查的规范性文件范围。相关参考案例：［2017］最高法行申 1533 号，徐某源诉中国证券监督管理委员会行政违法一案中，徐某源诉请对中国证券监督管理委员会发布的［2015］21 号公告进行审查，最高人民法院认为公告不具有普

---

〔1〕 参见山东省青岛市中级人民法院［2018］鲁 02 行终 662 号判决书。

遍约束力。

（4）行政相对人向行政机关报送的请示、函件以及行政机关对行政相对人的审查意见等不属于行政诉讼附带审查的规范性文件范围。相关参考案例：[2018]最高法行申1896号，郑某奇诉海南省政府国有资产监督管理委员会不履行法定职责一案中，最高人民法院认为，19号请示、62号函、304号复函是海南省汽配厂向海南省政府国有资产监督管理委员会报送的企业改制方案、职工安置方案，不属于《行政诉讼法》第53条规定的规范性文件。

（5）与信访相关的转办转送等行为没有纳入司法审查渠道。信访事项中的处理、复查、复核意见不属于行政诉讼附带审查的规范性文件范围。在[2016]最高法行申1054号案例中，张某才请求人民法院确认磐石市政府、吉林市政府作出的信访复查意见、信访复核意见违法。最高人民法院经审查认为，被诉信访复查意见、复核意见不属于行政诉讼的受案范围。

（6）非行政机关，包括非履行公共事务的组织制定的文件不是行政机关所制定公布的行政性规范性文件，故不属于行政诉讼附带审查的规范性文件范围。通过分析案例，我们还能看出，上诉人对规范性文件进行审查的请求，很大一部分都不能进入审查阶段，直接被驳回。对案例进行归类，大体总结出以下五点案例不能进入法院审查范围的原因：

第一，当事人提起行政诉讼的所诉行政行为不是依据所提起审查的行政规范性文件作出。例如：在丁某鹏与枣庄市住房和城乡建设局城乡建设行政管理——其他（城建）一审行政裁定书（[2018]鲁0403行初97号）中，丁某鹏要求审查枣住建字[2015]39号规范性文件，该文件并非所诉行政行为依据的规范性文件，因此法院不予审查。山东省青岛市中级人民法院[2019]鲁02行终680号美邦启立（青岛）置业有限公司诉青岛市黄岛区自然资源局要求撤销通知二审行政裁定书认为：不是依据，不予审查。本案上诉人所诉请撤销的《补缴通知》并未进入实体审查阶段，且被上诉人在被诉《补缴通知》中并未援引该两份规范性文件，在原审庭审及二审法庭调查中亦明确表示被诉《补缴通知》的作出并未依据该两份规范性文件，故原审法院对上诉人提供的两份规范性文件未进行审查并无不当，对上诉人提出的原审法院未受理其要求对规范性文件进行一并审查的诉求错误的主张，法院不予支持。山东省青岛市中级人民法院［2016］鲁02 行终 194 号姜某元诉青岛市市北区人民政府、青岛市市北区审计局政府信息公开二审行政判决书也有同样的观点〔1〕，如果规范并非行为的依据，不予审查。原告请求一并审查的青办发［2012］24 号文件为中共青岛市委办公厅文件，内容是关于加强和创新城市社区服务管理工作，并非被告青岛市市北区审计局作出本案《政府信息公开告知书》以及被告青岛市市北区人民政府作出本案《行政复议决定书》的依据。因此，原告提出的一并审查青办发［2012］24 号文件的诉讼请求不符合法律规定，法院对该文件不予一并审查。

第二，对行政规范性文件直接提起审查请求不符合《行政诉讼法》第53 条的规定。例如：在周某一审行政裁定书（［2021］苏 09 行初 20 号）中，周某直接诉请法院对盐政规发［2018］1 号《盐城市市区旧城区（棚户区）改建房屋征收及有关问题处理意见的通知》这一规范性文件进行审查，而没有起诉具体行政行为，不符合对规范性文件只能提起附带性审查的规定，因此对周某的起诉，法院不予立案。实践中也存在原告提出诉讼请求时，要求一并审查规范性文件，但对规范性文件的审查范围或者具体条款未在诉讼请求中列明，人民法院应当予以释明，要求原告对所附带审查的请求明确化和具体化，如果经人民法院释明后，原告仍未对请求审查的范围或者依据作出明确说明，人民法院可以"没有明确具体的审查条款"驳回原告诉讼请求〔2〕。

第三，按照《行政诉讼法》的规定，提起行政诉讼必须符合受案范围，如果诉请不在受案范围内，人民法院也不予立案，故提起一并审查之诉的前提是，案件属于人民法院审理范围。例如：在陈某英、诸城市教育局教育行政管理（教育）二审行政裁定书（［2018］鲁 07 行终 290 号）中，陈某英请求对潍政发［2002］5 号文件以及《诸城市关于解决民办教

---

〔1〕　山东省青岛市中级人民法院［2016］鲁 02 行终 194 号判决书。

〔2〕　在刘某青诉长沙市望城区国土资源局、长沙市国土资源局行政征收案中，人民法院以"原告没有提出具体的审查条款"为由，对原告的诉讼请求不予支持。参见湖南省长沙市望城区人民法院［2016］湘 0112 行初 36 号行政判决书。

师问题的实施方案》进行审查，但其所诉事项不属于行政诉讼的受案范围，本诉不能成立，一并对相关文件进行合法性审查，当然也不符合法定的起诉条件。上诉人上诉的事情不属于人民法院受理的案件，因此驳回诉讼。

第四，内部行政行为，包括内部流程、工作汇报等文件不属于《行政诉讼法》第53条规定的范围。例如：在张某昌与泰安市人民政府、山东省人民政府行政征收、行政强制等二审行政判决书（［2016］鲁行终1503号）中，上诉人张某昌请求审查的《山东省土地征收管理办法》属于规章，其不符合《行政诉讼法》第53条规定的"规范性文件"审查要求，对此，法院不予审查。

第五，当事人提出的对规范性文件审查的要求不符合法律规定的形式和程序。例如：在肥城起来石材有限公司（肥城市孙伯镇原矿业资源开发有限公司）、解某莲资源行政管理——土地行政管理（土地）二审行政判决书（［2017］鲁09行终101号）中，一审、二审法院均认为，原告系在第一次开庭审理中宣读起诉状时，增加对规范性文件进行审查的诉讼请求，后单独提交的书面申请，而非在开庭审理前提出；并且，规范性文件是否合法应当在提起诉讼请求时一并提出，这是《行政诉讼法》的明确规定，有正当理由的，也可以在法庭调查中提出。山东省青岛市中级人民法院［2019］鲁02行终387号房某、李某、潘某英诉青岛市自然资源和规划局履行法定职责二审行政判决书认为：原告在一审开庭后提出，不予审查。当事人要求一并审查规范性文件的，应至迟于庭审结束前提出，本案一审庭审时间为2018年8月9日，而上诉人房某、李某于2018年9月4日才提出审查相关规范性文件的申请，显然不符合上述规定，原审法院未予审查，并无不当。

（三）规范性文件提出审查的时间

关于规范性文件的审查何时提出，《行政诉讼法》第53条作了原则性规定，《行政诉讼法司法解释》146条予以了明确[1]，规范性文件是在原

---

[1] 最高人民法院《关于适用〈中华人民共和国行政诉讼法〉的解释》第146条规定，公民、法人或者其他组织请求人民法院一并审查《行政诉讼法》第53条规定的规范性文件，应当在第一审开庭审理前提出；有正当理由的，也可以在法庭调查中提出。

告提起诉讼时提出，还是在审查过程中提出，理论界和实务界似乎也没有达成共识。

不可否认的是，当前政府在制定规范性文件时还存在主体越权、内容违法或程序随意的情形。违法违规的规范性文件拉低了法治政府建设的层次和水平。规范性文件的制定行为在本质上是一种行政立法行为[1]，为了贯彻行政管理目的，作为抽象行政行为针对不特定多数人，具有普遍性和反复适用性。根据我国现行宪法和组织法确定的体制，对抽象行政行为的审查监督权主要属于国家权力机关和行政系统本身，人民法院对绝大多数抽象行政行为不具有审查监督权，抽象行政行为大多涉及政策问题，有时涉及一个或几个地区的所有人乃至全体国民，其争议通过诉讼途径解决有困难和不方便的地方。

在区分规范性文件时，有学者从制定主体、文件内容和文件效力上进行区分[2]。规范性文件有政策性文件和法律性文件，但我们在判案时只能依据法律性文件，不得依据政策性文件。发文主体在发布规范性文件时，要注重与上位法保持一致，不得随意突破上位法规定的意思范畴，更不得作突破性规定。不只是在司法审查中，在规范性文件备案审查中，地方政府行政规范性文件违背上位法的情形也屡见不鲜。2017年4月，浙江省某市人大常委会法制工作委员会对某市人民政府办公室《关于印发某市网络预约出租汽车经营服务管理暂行办法实施细则（试行）的通知》（以下简称《实施细则》）进行了主动审查。经审查，《实施细则》存在以下问题：《实施细则》第7条规定了"《网络预约出租汽车经营许可证》有效期届满需继续从事网约车经营的，应当在有效期届满30日内，向原许可机关提出继续经营申请"。经研究，《行政许可法》第50条第1款规定，"被许可人需要延续依法取得的行政许可的有效期的，应当在该行政许可有效期届满三十日前向作出行政许可决定的行政机关提出申请"。30日内和30日前的表述明显不同，前者表述压缩了行政相对人的申请时间，实质影响

---

〔1〕 阎巍：《从"陈爱华案"反思我国规范性文件的规制与监督》，载《法律适用》2015年第4期，第94页。

〔2〕 程琥：《新〈行政诉讼法〉中规范性文件附带审查制度研究》，载《法律适用》2015年第7期，第88~94页。

了行政相对人的期限利益。《实施细则》第 7 条规定与《行政许可法》第 50 条规定不一致。2017 年 4 月，市人大常委会法制工作委员会与市政府法制办、市交通运输局进行了沟通，向市政府办公室发出督促纠正函，要求报告处理结果。8 月，市政府完成《实施细则》修改工作[1]。在王某某等五人诉昌平区住房和城乡建设委员会案中[2]，北京市昌平区人民法院经审理认为，《实施细则》系规范性文件，王某某等五人有权根据规定提出一并审查的申请。昌平区住建委根据《实施细则》第 13 条，作出《拆迁期限延期批复》，该条款与《行政许可法》规定的提前 30 日申请不一致，变相压缩了申请的时间，减损了王某某等五人的权益。法院判决确认被诉《拆迁期限延期批复》违法。

在设定一并审查制度时，我们总体的态度是比较谨慎的，既要与现行制度不冲突，同时也要兼顾人民法院受理案件的实际承受能力，包括原告的诉讼能力和被告的可接受程度，可以说，一个制度能否得以良好运行取决于诸多条件，而从"附带审查"向"一并审查"的迈进，体现了对行政行为以合法性审查为主的审查特点。其实，法院对规范性文件"依据"关系的认定，仅仅是行政规范性文件合法性审查的一个环节，对依据的判定，不能只从形式上看是否在执法决定书中进行了援引，还要看行为与依据之间的关联度。

当前存在的一个怪象是，行政机关基于考核的因素，不愿成为被告，人民法院在受理有关规范性文件一并审查的案件后，基于案件数量和审限的要求，不愿审理涉及一并审查的案件，该类案件存在的难题较之于普通案件至少有三个：一是存在规范性文件增加了案件审理的难度，需要区分行政行为以及依据规范性文件作出的行政行为是否合法；二是如果审查出规范性文件有违法之嫌，按照现行法律的规定，法院需要向规范性文件的制定机关如实反馈，这会增加工作量，同时还需要经历层报法院领导等复杂琐碎的手续；三是经过审查后，往往发现行政决定并非依据规范性文件作出的，一并审查的理由经不起推敲，作了一番无用功。前述理由都是司法实践

---

[1] 全国人大常委会法制工作委员会法规备案审查室编著：《规范性文件备案审查案例选编》，中国民主法制出版社 2020 年版，第 261 页。

[2] 参见北京市第三中级人民法院 [2015] 昌行初字第 49 号。

中客观存在的问题，基于现实和理性人的考量，要求人民法院的法官对规范性文件一并审查类的案件应审尽审，似乎只是学者理想的想法[1]。

在规范性文件提出一并审查的时间上，司法解释借鉴《关于行政诉讼证据若干问题的规定》中关于原告或者第三人举证期限的规定，要求在开庭审理前提出。如果当事人在开庭审理后才知道相关规范性文件，应当适当延长其申请时间。在行政复议中，一般应当在申请复议的同时提出规范性文件一并审查申请。《行政复议法实施条例》第 26 条规定，申请人在对具体行政行为申请行政复议的同时可以一并提出对该规定的审查申请，该申请只需在行政复议决定作出前就可以。上述条款规定了规范性文件审查请求应当在第一审程序中提出，公民、法人或者其他组织在第二审程序、审判监督程序中提出的，人民法院将不予准许。

规范性文件是否会重复审查？重复审查是指一个规范性文件已经在一次诉讼过程中得到过审查，当事人在另一诉讼中又重新提起审查，如在原告提起的行政处罚案件中，当事人对某规范性文件提出要进行规范性文件一并审查，在另案行政强制措施一案中，仍对同一规范性文件提出了审查请求[2]。人民法院处理类似案件的规则是，通常以本案已经"提出过同一诉讼请求""其诉讼请求已经进行了处理"等为由不再进行审查。当然，二审程序和再审程序中，对规范性文件的一并审查，并不构成重复审查[3]。

二、规范性文件审查的立场：规范主义与功能主义之间的冲突

从规范主义出发，综合运用法律推理和法律解释，我们获取的是形式主义的法治，讲究逻辑的自洽，规范间的衔接和适用，而规范之间的意旨是否需要衔接，规范实施的效果是否需要衡平，虽为规范主义者力倡，但

---

[1]　王春业：《论行政规范性文件附带审查中"依据"的司法认定》，载《行政法学研究》2019 年第 3 期，第 63 页。

[2]　参见贵州省龙里县人民法院 [2016] 黔 2730 行初 102 号行政判决书、贵州省黔南布依族苗族自治州中级人民法院 [2017] 黔 27 行终 6 号行政判决书、贵州省龙里县人民法院 [2017] 黔 2730 行初 10 号行政判决书。

[3]　周乐军：《论规范性文件附带审查的"重复审查"》，载《比较法研究》2022 年第 5 期，第 146 页。

究其实质，并非主要。从功能论或者功能主义出发，更多考虑的是制度的价值，法的意旨，希望达到的某种利益的衡平，但也不可过度考虑，以至于违背现有规范与条文。从这个角度来讲，规范主义与功能主义本身存在一定冲突，适用规范可能会背离功能主义的要求，并非所有个案适用规范都能带来公平正义的结果。为弥补规范主义在法治实施中存在的弊端，从实质正义出发的功能主义进路在一定程度上可以衡平因规范适用带来的个案不公问题，因此，在司法实践中，考虑到原则和规则，规范与条文的关系，综合运用规范主义和功能主义的进路对规范性文件进行审查就显得尤为重要。

（一）合法性审查难逃撤销之诉的窠臼

从《行政诉讼法》立法目的来看，人民法院对规范性文件作出审查，主要是审查规范性文件的合法性，这一定位与监督行政有关。任何具体的制度设计都不应该脱离本国的政治架构和宪法统领，审查规范性文件是否合法，并不直接裁判认定文件效力；可选择不适用规范性文件或者适用更高位阶的法，这是规范性文件一并审查需要明确的，围绕规范性文件一并审查之诉，也多与撤销之诉有关。有学者认为，就规范性文件合法性的判断标准，从立规主体的合法性、立规的表意性、立规意向内容和立规程序等角度出发，人民法院等审查机关应当既审查文件内语义学规范的合法性又审查制规行为各要件的合法性，否则将得不出完整的审查结论[1]。

如此海量的规范性文件，如果有文件与现行法律法规相悖，与宪法的原则精神相悖，与基本的法治精神相悖，我们民族复兴法治轨道的运转就会受到影响。提高立法质量，提升执法水平，公正司法裁断，对全面依法治国，让法治成为治国理政的基本方略尤为重要。在72名退休法官、检察官不服司法部决定的复议案件中，申请人申请国务院撤销司法部作出的〔2022〕司复决11号《不予受理行政复议申请决定书》，指令司法部受理申请人的复议申请。司法部对该申请以不符合行政复议范围不予受理在理由阐述上较为简单，特别是《不予受理行政复议申请决定书》对不符合行

---

〔1〕 袁勇：《规范性文件合法性的判断标准》，载《政治与法律》2020年第10期，第82页。

政复议范围缺乏说理和释明。"两高一部"发文的性质不仅关乎是否符合复议法的复议范围，还关系《行政诉讼法》第 53 条中是否对行政规范性文件可以一并审查，这些问题都有必要搞清楚。正如何海波教授所言，长期以来，中国的学者更多地关注合宪性审查，对规范性文件的审查关注不够，当下行政诉讼的力量似乎拉不动规范性文件审查的大车。

在对规范性文件进行合法性审查的时候，要注意以下维度：一是要对合法性进行审查，同时对明显不合理的也要进行审查；在我国的规范性文件司法审查制度中，司法权对行政权的监督是一种有限的监督。二是要对主体、权限、程序进行审查，对符合上位法的进行审查。目前普遍存在的一个问题是，遇到被诉具体行政行为依据的其他规范性文件违法时，绝大多数法官（ 32 人，占 80% ）倾向"案外和解"而非"直接下判"。回避审查成了常态。《关于审理行政案件适用法律规范问题的座谈会纪要》（法 ［2004］ 96 号）赋予了人民法院"在法律文书的裁判理由部分，法院可以展示审查的过程、结果和理由"的评述权。在郑某琴与温岭市人民政府行政批准二审行政判决书中，法院认为规范性文件不符合上位法的规定，认定该规范性文件违法。

（二）合理的替代措施：规范性文件的实质审查

关于规范性文件的实质审查标准，有学者认为应当坚持程序规范标准和实体权益标准的程序与实体统一原则[1]。在认定规范性文件是否合法时，不仅要看规范性文件是否违反上位法的规定，有无权限来源，还要看规范性文件在实际的制定程序中，有没有遵循正当程序要求的规范性文件制定程序的必经步骤。有关实体和程序中遵循正当程序的要求，学者多有论述，章剑生教授认为，我们并无正当程序的法律传统，且法制无论在观念上还是实务中，对法律程序的轻视现象十分普遍，由此导致了有的法院比较机械地解释法律条款，使行政相对人的权利难以受到程序性保护[2]。如在胡某法诉禹州市建设委员会撤销建设工程规划许可证案件中，人民法

---

［1］　程程、闫尔宝：《论规范性文件的程序合法性审查》，载《西北民族大学学报（哲学社会科学版）》2023 年第 2 期，第 74 页。

［2］　章剑生：《现代行政法总论》（第 2 版），法律出版社 2019 年版，第 219 页。

院认为：原告所称撤销许可证，应当举行听证、陈述、申辩。根据《行政处罚法》和《行政许可法》的规定，并没有明确规定撤销行政许可必须举行听证。原告所述被告撤证应用决定而不是通知，亦于法无据。所以被告依据《行政许可法》第69条的规定，依职权撤销为原告告颁发的建设工程规划许可证，事实清楚，程序合法，适用法律、法规正确[1]。

基于宪法"国家尊重和保障人权"的规定，我们可以导出个人在行政程序中有要求国家在作出对自己不利决定之前听取其意见的权利。在"人权条款"的保障之下，国家和个人之间的关系更多是合作而非管控关系，人作为目的而非手段。在规范性文件制定中，有些程序是必经过程，如公众参与、风险评估、专家论证、集体讨论等程序，当然，公众参与如以正式听证的方式听取意见，确定参加人可以采用报名、抽签等规则；如采用非正式听证，目的是征求更多人的意见，以充分体现决策的科学性和民主性，就不应当限定参加人的范围。前述程序在确保规范性文件合法上承担着重要的价值正当性功能。脱离了必经程序或违反了必经步骤，就会导致实体性的违法。在最高人民法院发布的方某女诉浙江省淳安县公安局治安管理行政处罚一案中，案涉居住出租房屋是否为《治安管理处罚法》第39条规定的"其他供社会公众活动的场所"，法院运用实质标准作了讨论和认定。大昌三昶（上海）商贸有限公司与北京市丰台区食品药品监督管理局行政处罚一案[2]，正是实质审查的优秀案例，从裁判理由中我们可以发现，法官从立法目的、上位法的具体法律规定等角度详细地阐明了予以适用的理由，最终得出该规范性文件合法合理的结论，正确反映了规范性文件司法审查的原意。

三、规范性文件审查范围的追问

当事人在提起诉讼请求时，提出审查行政机关所适用的规范性文件，诉请中如没有准确表明是何条款，则不应当认为诉请不明，因为从诉讼类

---

[1] 河南省许昌市中级人民法院［2008］许行终字第70号行政判决书。

[2] 大昌公司认为《食品安全国家标准　预包装食品营养标签通则》3.2项违背了《食品安全法》的立法目的，超越了食品安全的适用范围以及食品安全的定义范畴。

型出发，要看原告提出了什么类型之诉；但与之相对应的是，如果行政机关在作出有效力的法律文书上列明所依据的规范文件时，则应当明确援引具体条款。与前述观点一样，最高人民法院的法官也持有类似观点，并认为人民法院能够审查的范围是作为行政行为依据的规范性文件的相关条款[1]。

（一）进行关联性审查

尽管行政诉讼要求原告在提起诉讼时，必须具有诉的利益，应当符合私益诉讼或者主观诉讼的特性。但在对规范性文件提起一并审查时，其私益性和公益性具有了叠加效应。在关注私益的同时，符合《行政诉讼法》第25条和第49条规定的受案条件。在审查规范性文件时，应当从以下几个方面着手：

其一，结合行政诉讼法的立法目的进行审查。审查的条款要与诉讼请求有关，凡与诉讼请求有关的条款都可以纳入审查的范围，审查的强度由法庭依职权进行确定。其二，结合规范性文件的立法目的进行审查。其三，全面审查和重点审查相结合，全面性审查是行政诉讼法确定的基本原则。从行政诉讼法的基本原则来看，行政诉讼不是纯粹的客观诉讼，关于《行政诉讼法》的立法目的，从立法条文上，运用文义解释来看，共有四重目的：一是公正、及时审理行政案件；二是解决行政争议；三是保护公民、法人和其他组织的合法权益；四是监督行政机关依法行使职权。对前述四项立法目的逐个进行解析的话，公正及时审理行政案件乃《行政诉讼法》之应有之义，无需赘述。解决行政争议是行政诉讼存在的基本价值，行政诉讼的功能就是化解行政纠纷和争议，行政诉讼就是通过化解行政争议达到平息"官民矛盾"的目的。在分析完前述两种立法目的后，行政诉讼立法的后两重目的则清晰可见，从法律关系说来分析，行政主体和行政相对人作为行政法律关系的两造，行政主体依据法定职权通过作为或者不作为对行政相对人作出负担行政或者受益行政行为，形成两造之间的权利（力）义务关系。对行政相对人而言，提起行政诉讼主要目的就是维护自己

---

〔1〕 黄学贤：《行政诉讼中行政规范性文件的审查范围探讨》，载《南京社会科学》2019年第5期，第103页。

的合法权益，[1]就维护自身权益而言，民事诉讼和行政诉讼并无二致[2]，也正是从这一基点上，《行政诉讼法》第101条规定，人民法院审理行政案件，本法没有规定的，适用《民事诉讼法》的相关规定。并非有了该规定，我们才得出行政诉讼与民事诉讼均为主观诉讼的结论，而是因为行政诉讼存在的客观属性决定了行政诉讼的主要作用是监督行政机关依法行政，修复在行政执法中受到损害的行政管理、服务中的行政法律关系。

（二）进行全面审查

第一，在全面审查理念下，人民法院不仅能够进行程序性审查，如审查规范性文件的制定主体的制定程序，还应当进行"事实审"。既要审理程序，又要审理实体；既要审法律，又要审事实；既要审形式，又要审实质合法性。《行政诉讼法》第64条和第53条的规定，在"合法"与"不合法"之间的规定上应当具有一致性。就通常理解而言，对规范性文件的审查应当为全面审查，该全面审查，本质而言，应当为实质性审查。在修法之前，法院已经建立了对规范性文件的全面审查制度。如果在《行政诉讼法》正式建立规范性文件一并审查制度后，反而将司法审查局限于制定机关是否具有制定权和具体条款是否与上位法相抵触这两个方面，反而是对规范性文件一并审查制度的倒退。

第二，对规范性文件的审查，应当建立专门专业人员进行审查的机

---

[1] 参见新乡市中级人民法院［2015］新中行初字第120号行政裁定书、河南省高级人民法院［2016］豫行终2720号行政裁定书，原告认为《行政诉讼法》第12条第1款第12项"认为行政机关侵犯其他人身权、财产权等合法权益"的规定，在法律上有"漏洞"，对于处于模糊地带的人身权、财产权，或者除人身权、财产权以外的其他合法权益，法律并没有明确的规定。祭城路的更名所引发的名称使用权、姓名权、荣誉权等，对于再审申请人来说，具有类似人身权的特点。法院认为"原告对地名和历史文化的保护意识值得提倡"，但同时认为，"这种更改道路名称行为考量的是公共利益，而不以追求特定权利义务关系的产生、变更或消灭为目的"，两级法院虽然对他们所强调的"历史传承、文化认同、乡愁情结、灵魂归宿"表示深刻理解，但同时也认为，在法律层面，原告朱某义等四人不具有提起行政诉讼的主体资格。

[2] 民事诉讼和行政诉讼的立法目的存在差异。某个权利纳入了民事法律规范保护的范围，即认为具有提起请求权的基础规范，可以以权利受到损害提起诉讼。但行政诉讼不同于民事诉讼的重要一点在于，行政诉讼不只是主观诉讼，还具有客观诉讼的性质。即使某些权利属于《行政诉讼法》规定的权利保护范围，但在被诉行政行为并非针对特定个人时，如果原告只是有可能受到被诉行政行为影响的不特定公众中的一个或者一部分，其也不具有提起行政诉讼的资格。

制。对行政规范性文件的审查，完全可以通过建立试点的方式进行审查，条件允许的地方，可进行探索，比如在某一个地域内，借鉴跨行政区划管辖的优势，可以由一个法院集中受理涉及行政规范性文件的案件。在法官选择上，可以由一部分行政审判经验丰富，行政法学理论和素养较高的法官担纲审判；在审判流程上，建立行政审判法官案件讨论制度，定期对审判中的复杂和疑难案件进行会审审理。通过对行政规范性文件适法的审判进行探索，分析行政规范性文件在政策和法律衔接中的积极作用，同时看到行政规范性文件在末梢治理中尚存在的痛点和难点，特别是对正常社会生产生活带来的破坏性作用，向规范性文件制定机关进行及时反馈。

第三，对行政规范性文件的审查，应实行逐步放开的原则。并非所有行政规范性文件都要进行审查，这是理论界和实务界的一致观点，但在循序渐进的过程中，逐步放宽对行政规范性文件的审查范围，最终将所有行政规范性文件的审查尽可能地应纳尽纳，应审尽审，则是当前和今后需要关注的一个焦点。

规范性文件的治理是一个需要积累智识资源的过程，每一次立法和修法都是各种利益进行综合权衡的结果。司法对行政的监控过程应当放在一个较长的时空维度来审视，行政和司法二者力量的对比消长也将是一个较为长久的过程，在提升治理体系和治理能力现代化水平的过程中，对行政机关的监督力度和监督强度，将通过对行政规范性文件的监督力度得以在社会层面上呈现。行政机关的谦抑和司法机关的积极审读在未来精细化的治理进程中将会得到进一步深化，对行政机关而言，提升行政规范性文件的立法技术、提高规范性文件在治理中的科学化、民主化水平，似乎是唯一正途。在司法对行政的监督过程中，现有的观念和理念也必将经历一个较大的改观和变化，在司法为民和行政为民二者的指向一致时，行政受司法监督的反作用力似乎因同一执政目的和目标而变得较为一致。这种一致也不是说不存在任何风险，二者对行政规范性文件的判断有可能一致对私权利产生消磨和影响，但这对一个正在走向法治正途的国家而言，是一种可能存在的附属负面性，难以避免。基于此，对行政规范性文件审查的未来，我们应当充满信心。

对规范性文件进行审查，实质是在保障《宪法》规定的公民的监督权利,《宪法》规定,国家机关和国家机关的工作人员,如果违法行使职权,其他公民有提出批评建议和申诉控告的权利。允许对行政规范性文件提出诉讼,实则是公民对行政立法的监督,对行政决策的监督,这种监督被置于公民参与的民主化视野中,在民主发展的进程中非常重要。特别是在当下中国,在强化中国共产党的领导的背景下,我们的党和政府集中发挥党的领导优势和制度优势,在立法、执法和司法上(党领导立法、保障执法,支持司法)都有绝对的优势,特别是在民主决策、民主监督上,需要广大公众的参与,如果说参与在立法的前置阶段能够更好地解决问题,立法质量或者制定规范性文件的质量能得到很好的保障,那么针对执法过程的事项就会大幅度减少,在执法中产生的纠纷也能够通过司法裁决得到有效的解决。在对规范性文件的审查中,司法机关不只是在单纯就司法程序行使审查权利,而是从保障权利和促进司法民主的角度进行衡量,将规范性文件的审查放置于现行政治架构和以人民为中心的执政理念之下。这种理念与司法审判人员对法律负责的理念并不冲突,也不会与司法人员基于规则和条文裁判案件的意旨相违背,这样的理念是一种"大司法观念",将个案审查和政治要求及人民期待有机结合起来,将正确的政治理念指导和现行法律规范有机结合起来,真正实现司法公平和正义。正如江必新教授所言,新时代的司法审判要紧紧围绕新时代党和国家的中心工作,准确把握党和国家工作大局,充分发挥审判职能作用,找准司法审判工作同党和国家的大局的切入点[1]。所以,基于公众参与和公众监督的理念做好规范性文件的审查工作,既要立基于理念层面,同时也要落脚于审判规则层面,真正实现二者的有机融合,从而更深刻地理解和认识司法审查规范性文件的重要价值和推进该类审查在构建法治国家、法治社会和法治政府中的重要地位。

---

〔1〕 江必新:《司法审判工作的理念、政策与机制》,人民法院出版社 2019 年版,第 1 页。

第四章

行政规范性文件的审查形式

就规范性文件的审查标准，当前理论界和实务界主要从教义学的角度对制定主体、职权职责和程序进行判断。备案审查从合宪性和合法性角度进行审查，人民法院从司法机关审判权的运行上对规范性文件进行监督审查，全国人大常委会专门委员会从立法权行使的角度进行的审查是最具有权威性的，特别是在《法规、司法解释备案审查工作办法》出台后，最高权力机关对备案审查工作有了具体依据。

以 2020 年为例，全国人大常委会办公厅共收到报送备案的行政法规、地方性法规、自治条例和单行条例、经济特区法规、司法解释、特别行政区法律 1310 件，其中行政法规 25 件，省、自治区、直辖市地方性法规 500 件，设区的市、自治州地方性法规 563 件，自治条例和单行条例 85 件，经济特区法规 80 件，司法解释 16 件，香港特别行政区法律 20 件，澳门特别行政区法律 21 件[1]。

一、规范性文件审查的形式

规范性文件有多种审查方式，包括自我审查、备案审查和司法审查等，其中自我审查主要是制定机关（起草机关）的审查；备案审查主要是根据《立法法》的规定进行的审查；司法审查主要是依照《行政诉讼法》的规定进行的审查，三种审查形式的具体路径、重点和审查后果均不相同。

---

〔1〕 参见全国人民代表大会常委会法制工作委员会《关于 2020 年备案审查工作情况的报告》。

（一）自我审查

自我审查不是备案审查，该审查接近法制审核，这一审查可以借鉴《重大行政决策程序暂行条例》，重大行政决策的作出要遵循决策启动、专家论证、风险评估、合法性审查、集体讨论决定和决策公布的程序。重大行政决策包括规范性文件的作出坚持严格的行政自制标准，在规范性文件起草、论证、审核等过程中层层把关，发挥制度优势，提高审查质量，从源头上减少规范性文件的数量，特别是减少规范性文件的重复性、违法性，减轻对执法和司法带来的影响。地方在对规范性文件实施相应管理时，从规范性文件的制定、修改、废止等方面作出了比较明确的规定，规范性文件的实施效果也纳入了立法后评估中，就个别规范性文件，实施效果比较好的，制定主体如延长其生效时间，还需通过履行相应程序来完成。当经济社会形势发生变化后，地方法制机构也能主动启动"立、改、废"的机制，促进规范和实践的有机统一。制定机关对行政规范性文件年度计划进行调整，包含了行政规范性文件起草部门的自我审查和监督，包括对已经制定的但在实施中不合时宜的内容的修改；也包括尚未制定的，通过立法论证会、座谈会等确立的需要新增加的内容。

就制定机关是否出庭说明问题，当时存在分歧，一种观点认为，制定机关无须出庭就规范性文件的合法性进行说明，主要理由是附带审查仍是建立在对行政行为是否合法的审查这一根基之上的，没有对具体行政行为的审查，也就没有对规范性文件的一并审查，如果制定机关都要出庭，由于规范性文件数量庞杂，会给制定机关带来极大的工作负担。另一种观点认为，制定机关通过参与庭审向人民法院和诉讼参与人说明规范性文件制定的依据、内容和程序，本身就是在说明规范性文件的合法性。现行法律和司法解释没有要求规范性文件制定机关的工作人员必须出庭，如果作此规定，制定机关必然面临着巨大的压力。折中意见认为，制定机关是否要出庭，由人民法院行使裁量权，人民法院"可以"告知制定机关，对规范性文件人民法院认定合法的，也不会再去告知规范性文件的合法性，主要是在涉及规范性文件不合法的时候，人民法院与制定机关首先通通气，提前了解制定主体制定的目的，为何作如此规定等，就规范性文件适用后可能产生的影响等，有必要听取制定机关的意见。提升规范性文件合法性质量。规范性文件制定机关虽然不是行政诉讼的当事人，但其出庭陈述规范性文件的制定目的和合法性会对案件的审理产生重要的影响[1]。当前案件显示，规范性文件的制定机关鲜有出庭说明情况的，主要原因是，行政机关在执法过程中就相关问题已经咨询过制定机关，由制定机关提前答复或者说明原意，减少执法风险。制定机关主动申请出庭陈述意见的情形在司法实践中少有耳闻，从法庭释法说理的角度而言，针对规范性文件一并审理的案件，释法说理的主体不只是人民法院，规范性文件制定机关也在相关规范和条款的释明中发挥着积极作用。

（二）备案审查

备案审查是宪法监督的方式，宪法在实施过程中要求国家法律、法规、规章等规范性文件符合宪法的规定，同时也要求不得抵触宪法的基本原则和精神。法律、法规和规章当前被排除在司法监督之外，依照《行政诉讼法》的规定，公民、法人和其他组织对规范性文件提出一并审查时，符合《行政诉讼法》第 2 条的立法目的，即"认为"行政机关所依据的规范性文件不合法或者不合理，导致作出的行政决定影响了自己的合法权益。该审查包含两个方面，即合法性审查和合理性审查，其与司法审查的标准是否应当一致，当前学界仍尚存争议。该部分内容将在规范性文件一并审查的标准中言明。备案审查是典型的事后审查，依据文件治理已成为治国理政的惯性，从综合管理到专项治理，通过制定文件层层传导，层层落实。以文件治国存在治理上的惰性和惯性，就推进宪法实施和合宪性审查而言，备案审查仍是当前较为成熟有效的审查方式，通过事后审查发现规章以下规范性文件存在的问题，它真正要解决的是一个谁有权对宪法、法律以及规范性文件作出判断的问题，是一个判断主体的资格问题，而不是内容上谁是谁非的问题[2]。

十八届四中全会提出提升备案审查制度和备案能力建设，把所有规范

---

[1]　梁凤云：《行政诉讼讲义》（下），人民法院出版社 2022 年版，第 939 页。

[2]　刘松山：《备案审查、合宪性审查和宪法监督需要研究解决的若干重要问题》，载《中国法律评论》2018 年第 4 期，第 21 页。

性文件都纳入备案审查范围，从源头上治理规范性文件来讲，这样做是必须的，也是提升国家治理体系与治理能力现代化所必需。但所有规范性文件纳入备案审查范围应当如何实现是个难题。规范性文件数量庞大，通过采取分级分类审查方式进行备案审查较为适宜，如乡镇部门不得发布减损公民权益和增加公民义务的规范性文件，乡镇部门发布的规范性文件要经过县级司法行政部门的审查审核，所有乡镇规范性文件均应纳入备案审查范围。在县级司法行政部门审查审核过程中出现的问题[1]，交由县级人大常委会进行审查审核，特殊情形下向上一级人大常委会请求审核。实践中如推行上述办法可以最大限度地明确审查主体和审查流程机制，从终端治理上解决规范性文件滥发导致的种种问题。有学者已经看到，在规范性文件的治理中，人大备案审查、行政机关自我审查、人民法院司法审查三类主体和三类审查方式在规范着规范性文件的审查，在人大备案审查上，应当完善公民、法人和其他组织主动提出的，请求备案审查机关对可能违法的规范性文件进行的备案审查，并根据审查结果，对申请人进行答复[2]。各地可以通过试点进行尝试，真正提高依法治理的水平，目前结合法治政府建设示范镇、区县、市等评比建设，结合有些省份已经推开的"省级法治政府建设示范市""全国法治政府建设示范市"等评比建设试点经验，将规范性文件备案审查、行政自我纠错能力、一并审查的案件比例等作为评比的重要内容，通过制度激励启动规范性文件备案审查建设，是推进基层治理较为有效的抓手。

（三）一并审查

规范性文件的审查并非从修正后的《行政诉讼法》生效时才开始。在《行政诉讼法》修改之前，对行政行为能够提起诉讼的是具体行政行为，

---

〔1〕 高书华：《全力冲刺国家级！青岛能否摘得"全国法治政府建设示范市"金字招牌?》，载 https://baijiahao.baidu.com/s? id=1736853155103511576&wfr=spider&for=pc，2023 年 7 月 1 日访问。山东省莱西市姜山镇为遏止私搭乱建、抢栽抢栽索取或骗取高额补偿行为，拟制发相关通告。镇司法所经审查认为，乱搭乱建的查处权限属于综合执法部门，镇政府无权制发，镇政府听取意见后取消了通告制发。

〔2〕 黄学贤：《行政规范性文件的体系化治理论纲》，载《山东科技大学学报（社会科学版）》2020 年第 6 期，第 37 页。

人民法院在受理案件后，首先要看该行政行为是具体行政行为还是抽象行政行为，如果是抽象行政行为，人民法院直接不予受理或者受理后驳回起诉。但行政行为的判断也并非泾渭分明，有些行为特别是涉及有规范性文件作为依据的行政行为，在立案时或者审理过程中，行为是具体的还是抽象的，其具体表征并非那么明显。人民法院在受理该类案件后，就要对案件性质作出裁判，此时行政机关的判断基础就是对规范性文件作出基本的审查，基于该规范性文件的合法性来判断行政行为的合法性。该类案件在审查时，首先要对规范性文件作出一个基本的审查，虽与现行《行政诉讼法》规定的规范性文件一并审查不同，但就规范性文件合法性的审查而言，二者有异曲同工之妙。毕竟，具体行政行为和抽象行政行为只是基于对行政行为认识的分类而已，立案或者受理时先行增加抽象和具体行政行为的判断，其实是变相增加了规范性文件的审查难度。抽象行政行为涉及的对象是否明确具体、特定，不是依据规范性文件约束的人数多少，具体、特定的标准也因人而异。有些规范性文件看似涉及的对象具体，实则抽象，反之亦然。

1. 建议引入直接审查

2014 年修正的《行政诉讼法》增加了有关行政规范性文件附带审查的规定，但该规定仍然具有相当大的保守性，明显的弊端就是针对规范性文件本身并不能直接提起审查之诉，似乎只有行政行为作出后才能影响公民实际权益的看法仍存有市场，但正如有些学者认为的那样，规范性文件颁布后，行政相对人有可能就处于利益受损的不确定状态，并非要等实际行政行为作出后，公民、法人和其他组织的利益才受损。与人民法院对规范性文件的一并审查不同，人大直接审查和人民法院的一并审查最大的区别就在于人大的审查是前端审查。人大作为立法机构为确保法制统一性而进行审查，人民法院对行政机关首次适用法律的合法性审查则侧重保障公民的基本权利[1]，两种审查在合宪性上存有一致性，但在审查时间、方式和审查强度上存有较大不同。这样的分工审查方式符合我国民主制度架构下国家机构在宪法上的权力分工、相互制约和相互配合的原理。从根本上

---

[1]　林来梵：《宪法学讲义》（第 2 版），法律出版社 2015 年版，第 426 页。

说，提高司法的相对独立性，使得司法机关在审理案件，特别是审理行政案件时尽量少受来自外力的干扰是获得公正审判的前提，在当前的政治架构下，党领导立法，支持司法，保障执法，各国家机关在保障公民权益上的利益是一致的，但尊重司法审判权的独立和公正，是消除公众质疑，减少社会纷争的前提。在法治国家、法治政府、法治社会建设持续推进的背景下，在推进规范性文件一并审查的道路上，以直接提起审查之诉来取代规范性文件一并审查之诉，至少可以规避当前存在的诸多问题，如行政行为的作出与规范性文件没有关联性。行政行为并非依据行政规范性文件直接作出的理由，在相当大的程度上，使规范性文件逃避了审查。

当前，为贯彻十八届四中全会精神，正建立健全对规范性文件的全覆盖，做到"哪里有规范性文件，哪里就有备案审查"。从推进宪法实施角度而言，这是实现规范性文件合法性审查全覆盖的必然要求，也是提高宪法权威，维护法制统一必须要做的工作。人民法院和人民检察院制定的司法性质的规范性文件也被纳入了人大常委会的合法性审查之中，"两院"规范性文件进行备案审查之所以成为一根"难啃的骨头"，[1]是由于其制定的规范性文件关系公民、法人和其他组织的实体性权利，看似程序性规定和程序性权利，但其规范着权利的行使，与权利的实现高度相关。

2. 附带审查和抽象审查

行政行为的效力具有拘束力和确定力，行政行为一经作出，只要在其管辖权内并遵守相应法定程序，在其未被撤销或未被废止前，都是有效的和有拘束力的。英国行政法上，行政相对人可以对行政行为提起附属异议或者无效、可无效和部分无效异议，如行政相对人认为行政机关行使了超越管辖权的行为是无效的；认为行政机关行使了没有法律效力和无约束力的行为[2]。我国采用的是附带审查模式，为严格遵循我国法律的表述，根据《行政诉讼法》第53条中"一并请求对该规范性文件进行审查"的规定，本书采用"一并审查"的表述。基本权利保护的法理意义就在于，宪法明确了公民的基本权利和义务，"基本权利命令国家采取积极措施保

---

〔1〕 姚魏：《地方"两院"规范性文件备案审查的困局及纾解——以法律效力为中心的制度建构》，载《政治与法律》2018年第11期，第74页。

〔2〕 西南政法大学行政法教研室编：《外国行政法讲义》（内部资料），第63页。

障每个人的基本权利法益不受第三人的侵害"。[1]基本权利保护义务是国家在宪法上的作为义务，其根据在于基本权利。对规范性文件一并审查，仍强调在审查对象、审查方式和审查结果上的附带审查，在诸多案件中，人民法院只是对以规范性文件作为依据的行政行为的合法性作出审查，除非规范性文件违反了上位法的规定，否则，人民法院仍然可以以多种理由不予审查，这种审查在目前存在很大的局限性，人民法院作为审判机关，在监督行政机关依法行政的过程中，还没有通过该制度发挥其重要监督作用。

为保障《行政诉讼法》第 53 条制度内容的落地，最高审判机关多次发布了相关指导性案例，以确保人民法院在规范性文件审查中发挥监督作用的审判质效。通过发布规范性文件审判的典型案例，为地方法院提供借鉴和参照，不可否认，这些典型案例的发布对各级人民法院具有重要的指导意义。最高人民法院遴选出来的案例具有参照适用的效力，为新型案件提供了指导方向和裁判标准，虽与各级法院形成一个统一的裁判标准还相距甚远，但也在极大程度上给予了各级法院在审理相似案件时一定遵循先例的支持。先例的背后是一些基本的司法审判理念，实践中出现的案例和具体法条之间不可能存在高度一致的契合，司法实践的疑难复杂问题恰好说明，正是规范表述的不确定性和现实的复杂性，才导致诸多案件存在无法可依的情形。我国虽无先例制度，但通过指导性案例制度、典型案例制度，为法官"将自己手上的案件的色彩与摊在他们桌上的许多样品案件的色彩加以对比，色彩最接近的样品案件提供了可以适用的规则"。[2]

结合实务中人民法院的裁判，所谓的附带性审查大致可细化为以下几个方面：

（1）对规范性文件合法性审查的请求只能在对行政行为合法性审查中附带性提出，不能单独提出。相关参考案例：［2017］最高法行申 6457 号，在廖某海诉四川省都江堰市人民政府（简称都江堰市政府）行政赔偿一案中，廖某海针对都江堰市政府与中共都江堰市委于 1998 年 6 月 28 日

---

〔1〕［日］小山刚：《基本权利保护的法理》，吴东镐、崔东日译，中国政法大学出版社2021 年版，第 1 页。

〔2〕［美］本杰明·卡多佐：《司法过程的性质》，苏力译，商务印书馆1997 年版，第 8~9 页。

发出的都委发［1998］44号《关于进一步稳定和完善农村土地承包关系的通知》（以下简称44号《通知》）提起诉讼，请求人民法院对都江堰市政府与中共都江堰市委制定的44号《通知》的合法性进行审查，经最高人民法院查明，廖某海所诉的都江堰市政府与中共都江堰市委制定的44号《通知》经公开发布并反复使用，具有普遍约束力，属于规范性文件。最高人民法院认为，廖某海的诉讼请求为判决都江堰市政府承担赔偿责任，一并审查都江堰市政府与中共都江堰市委制定的44号《通知》，根据《行政诉讼法》第53条第1款的规定，公民、法人、其他组织认为行政行为所依据的国务院部门和地方人民政府及其部门制定的规范性文件不合法，在对行政行为提起诉讼时，可以一并请求对该规范性文件进行审查。廖某海未起诉依据44号《通知》作出的行政行为，直接单独诉请审查44号《通知》的合法性不符合法律规定，故驳回了其再审申请。

（2）对被诉具体行政行为所直接依据的规范性文件才能进行附带性审查。相关参考案例：［2017］最高法行申5921号，在尹某英诉大冶市人民政府及大冶市东岳路街道办事处房屋行政拆迁补偿协议一案中，原告尹某英请求审查《2013年大冶市尹家湖东岸片区建设房屋集中拆迁工作方案》（冶办法［2013］26号）规范性文件的合法性，最高人民法院认为，原告与行政机关间签订的《大冶市尹家湖东岸片区建设房屋拆迁安置补偿协议书》系双方在协商一致的基础上订立的协议，内容是双方达成合意的结果，协议中约定的具体补偿数额并不与《2013年大冶市尹家湖东岸片区建设房屋集中拆迁工作方案》（冶办法［2013］26号）规定的房屋征收补偿的参考标准相同，上述方案对原告与行政机关双方协议签订程序及协议约定内容不构成实质影响，不属于协议所依据的规范性文件，故认定原审法院驳回尹某英要求审查上述方案违法性的诉请并无不当。

（3）对规范性文件审查结果的附带性。根据最高人民法院《关于适用〈中华人民共和国行政诉讼法〉的解释》第149条的规定"经审查认为规范性文件不合法的，不作为人民法院认定行政行为合法的依据，并在裁判理由中予以阐明"可知，人民法院对规范性文件的合法性审查，主要目的是通过审查具体行政行为的直接依据，根据依据合法性进而判断具体行政行为的合法性，经审查认为该规范性文件不合法的，不作为行政行为合法的依据，在裁判理由中释明，释明是为了解释行政行为是否合法，并非审查的直接结果，直接结果仍是判断该行政行为是否合法。所以说规范性文件一并审查只是行政行为合法性审查中的一个步骤或者说只是其中的一个组成部分。

不同的法律法规规定，对规范性文件的审查表达不同，在审查主体、审查方式和审查标准上也存在差异。规范性文件制定主体较为混乱，导致规范性文件多如牛毛，或许在法学概念当中，没有哪一个概念能像规范性文件这样包罗万象，在法学视阈中的主体法的领域里，几乎所有行政主体都可以制定规范性文件。

二、行政规范性文件备案审查、一并审查的文本表述

依照《法规、司法解释备案审查工作办法》第 25 条第 2 款的规定，在开展依职权审查、依申请审查、移送审查过程中，发现可能存在共性问题的，可以一并对相关法规、司法解释进行专项审查。由此可见，对规范性文件的审查包括了依职权审查、依申请审查、移送审查和专项审查四种模式。

(一) 审查的内容主要是围绕制定主体是否超越权限

在审查内容上，《法规规章备案条例》规定[1]，审查的内容主要是围绕制定主体是否超越权限。在制定主体上，有些规范性文件会犯一些低级错误，因大量的委托立法介入了立法实践，受托组织并非真正了解委托机构的立法意图，或者因缺乏对委托机构职权职责的了解，使通过的立法文件因行政机关缺乏相应职权而违反上位法。如某省人大常委会法制工作委员会收到关于某政府办公厅《关于进一步加强建筑安全生产工作的意见》的审查建议。审查建议认为，该意见规定的"室内装饰装修企业必须严格执行建筑施工企业安全技术标准，未取得建设行政主管部门颁发的建筑业企业资质证书和安全生产许可证的，不得承揽装饰装修工程"，违反

---

[1] 第 10 条规定："国务院法制机构对报送国务院备案的法规、规章，就下列事项进行审查：（一）是否超越权限；（二）下位法是否违反上位法的规定；（三）地方性法规与部门规章之间或者不同规章之间对同一事项的规定不一致，是否应当改变或者撤销一方的或者双方的规定；（四）规章的规定是否适当；（五）是否违背法定程序。"

了国务院和省政府的相关规定。省人大常委会法制工作委员会审查研究认为，依据《全国室内装饰企业资质管理办法》，室内装饰企业资质的认证机构是中国室内装饰协会和经该协会授权的省、自治区、直辖市或其他地区性室内装饰行业组织，建设行政主管部门不能颁发有关资质证书。该意见中的上述规定与国务院和省政府的相关规定构成抵触[1]。类似案例还有，《某省建设工程监理管理条例》规定，国家和省、设区的市人民政府规定应当实行监理的其他建设工程实行强制监理制度，某市人民政府办公室《关于印发某市建设工程监理管理办法的通知》依据《某省建设工程监理管理条例》规定，国家或者省、市、县、区人民政府规定应当实行监理的其他工程实行强制监理制度，直接授予县、区人民政府实行强制监理的权限，擅自授权县、区人民政府确定应当实行监理的其他建设工程，扩大了强制性监理工程范围，与《某省建设工程监理管理条例》规定不一致，后进行了修改[2]。我国行政机关所享有的规范性文件制定权，一部分直接来源于宪法和组织法的直接规定或授权，如在规范性文件中我们经常见到"本办法由某部门负责解释"。如行政主体并无相应权限，则不能制定相应规范性文件。

（二）违反上位法规定的内容不能作为行政行为的依据

实践中出现的问题，多以地方政府工作部门制定的规范性文件违反地方人大制定的地方性法规或者违反上位法居多。违反上位法的规定和违反规范性文件制定程序有何不同？如果是规范性文件违反上位法的规定，应当以违反上位法为由予以废除。如 2019 年 6 月，某市人大常委会法制工作委员会对《某市农家乐管理办法》进行了审查[3]。审查发现，该办法第 14 条第 2 款规定，本办法实施前已建成的农家乐，在饮用水水源二级保护区内的，应当将污水排入公共污水管网。而《水污染防治法》第 66 条第 1

---

〔1〕 全国人大常委会法制工作委员会法规备案审查室编著：《规范性文件备案审查案例选编》，中国民主法制出版社 2020 年版，第 187 页。

〔2〕 全国人大常委会法制工作委员会法规备案审查室编著：《规范性文件备案审查案例选编》，中国民主法制出版社 2020 年版，第 268 页。

〔3〕 全国人大常委会法制工作委员会法规备案审查室编著：《规范性文件备案审查案例选编》，中国民主法制出版社 2020 年版，第 280 页。

款规定，禁止在饮用水水源二级保护区内新建、改建、扩建排放污染物的建设项目；已建成的排放污染物的建设项目，由县级以上人民政府责令拆除或者关闭。农家乐属于"排放污染物的建设项目"，按照《水污染防治法》的规定，应予以拆除或者关闭。该办法仅要求"将污水排入公共污水管网"，降低了处罚标准，违反了《水污染防治法》责令拆除或者关闭的规定。在保护生态环境的高压态势下，地方仍出台与上位法相悖的规范性文件，既违反了上位法规定，同时又是置中央和国家"绿水青山就是金山银山"的生态环保理念于不顾。市人大常委会法制工作委员会向市司法局发函，要求根据审查意见予以研究处理。市司法局回复表示将按照审查意见及时对相关条款进行修改。除前述备案审查内容外，还要审查制定程序是否合法。在规范性文件的制定程序上，就区分行政立法与行政规范性文件标准而言，有学者认为，规范性文件出台，以及以规范性文件为依据的行政管理方式，直接决定了社会治理的水平。社会生活的复杂性决定了规范性文件作为治理依据的必要性。为提升规范性文件治理的有效性，有的学者主张应当在规范性文件的制定程序上严格标准。如规范性文件违反法定制定程序，无论其规定何种内容，都可以直接判定规范性文件不合法〔1〕。《行政诉讼法》第64条和最高人民法院《关于适用〈中华人民共和国行政诉讼法〉的解释》〔2〕也对违反法定程序的规范性文件作出了相应规定，如果违反规范性文件的制定程序，则该规范性文件可能被判定无效。类似的相关法律如《行政处罚法》第38条也明确规定了重大违法无效的情形〔3〕。

---

〔1〕　参见王留一：《论行政立法与行政规范性文件的区分标准》，载《政治与法律》2018年第6期，第125页。

〔2〕　第148条规定："人民法院对规范性文件进行一并审查时，可以从规范性文件制定机关是否超越权限或者违反法定程序、作出行政行为所依据的条款以及相关条款等方面进行。有下列情形之一的，属于行政诉讼法第六十四条规定的'规范性文件不合法'：（一）超越制定机关的法定职权或者超越法律、法规、规章的授权范围的；（二）与法律、法规、规章等上位法的规定相抵触的；（三）没有法律、法规、规章依据，违法增加公民、法人和其他组织义务或者减损公民、法人和其他组织合法权益的；（四）未履行法定批准程序、公开发布程序，严重违反制定程序的；（五）其他违反法律、法规以及规章规定的情形。"

〔3〕　第38条规定："行政处罚没有依据或者实施主体不具有行政主体资格的，行政处罚无效。违反法定程序构成重大且明显违法的，行政处罚无效。"

三、审查的进路

世界上只有抽象的规则，不可能有抽象的行为。胡建淼教授认为，就我国"行政规定与行政决定"两分的"划分标准"及"中间状态"问题的应对方法来说，德国的"一般行政处分"概念具有借鉴价值。他提出应当将"一般行政处分"改造为我国的"一般行政决定"，毕竟无论基于一并审查还是附带审查，直接审查还是间接审查，都会涉及"直接性"和"关联性"，涉及"相对人是否特定"和"事实关系是否具体"。之所以要引入"一般行政处分"，是因为一般行政决定，是指行政主体针对特定相对人作出的，直接约束特定相对人的权利和义务，并可以反复适用的行政行为，"一般行政决定"被视作"行政决定"，它处于与"行政决定"相同的法律地位。从行政复议和行政诉讼角度说，一般行政决定就应当像行政决定一样属于可诉的行政行为，理应纳入权利救济范围。

有学者认为，在《行政诉讼法》中，受案范围应以"正面概括、负面列举"的方式规定，用"行政争议"代替"具体行政行为"的表述，主张允许直接审查行政规范性文件。如姜明安教授认为，行政规范性文件审查要从间接诉、间接审向直接诉和直接审转变，在行政规范性文件的层级上，应当包含规章。[1]规范性文件并非只有通过具体行政行为才会损害公民、法人或其他组织的合法权益，在抽象行政行为的过程中，规范性文件也会损害到行政相对人的合法权益，如果按照现行一并审查的规定，必然会造成行政相对人利益受到损害，但规范性文件制定主体并未依据规范性文件作出相应具体行政行为，这样会导致权益受损却不能通过诉讼维护自身合法权益的情形出现。因此，未来修法中，对违反上位法规定的行政规范性文件应允许单独提起诉讼。[2]

行政诉讼的受案范围是《行政诉讼法》自立法以来就争议不断的话

---

〔1〕 姜明安：《对新〈行政诉讼法〉确立的规范性文件审查制度的反思》，载《人民法治》2016 年第 7 期，第 11 页。

〔2〕 姜明安：《对新〈行政诉讼法〉确立的规范性文件审查制度的反思》，载《人民法治》2016 年第 7 期，第 12 页。

题，毋庸置疑，随着政府法治化建设程度的提高，人民法院行政审判力量的增强，行政诉讼的受案范围应当呈现不断拓宽趋势。虽然"行政争议"被认为是行政诉讼案件受理的积极和一般性标准，学界存在的制定行政法规、规章的行为属于抽象行政行为的说法当前已经得到了纠正，制定行政法规和规章的行为本身属于立法行为，并非行政行为，这一点区别于行政性立法，行政机关制定规范性文件的行为，才是我们通常所指的抽象行政行为。对规范性文件提起一并审查，主要是基于行政机关制定的规范性文件接收审查，至于规章以上的规范性文件，其即便违反了上位法，目前人民法院尚无权力进行审查，只能按照现行法律规定，转送有权机关进行处理。我国当前在推进四级法院审级职能定位改革，在大量行政诉讼和申诉案件涌入最高人民法院的现实境况下，即便在行政公益诉讼领域，在案多人少的客观现实限制下，也不会允许相对人直接对规范性文件提出诉讼。在修改《行政诉讼法》时，也有学者关注到了一并审查可能存在的缺陷，建议将直接提起审查之诉作为诉讼类型的一部分，与宪法中有关公民的申诉权、控告权和监督权等联系在一起进行设计和考虑。至于这个口子开得是否足够大，或者足够小，由人民法院根据案件的情势来进行判断。这样的提议虽没有得到立法上的认同，但并非完全不可行。规范性文件审查虽然不能作为一类独立的诉讼类型，但可以作为公益诉讼审查的类型特殊存在，既可以协调《行政诉讼法》第53条和第13条第2款的关系，也可以纠正违法的抽象行政行为[1]。

（一）一并审查在不同法律文本中的表达

现阶段土地房屋征收类行政诉讼案件激增，但相关优秀司法判例或诉讼成功经验较少。众所周知，法国行政法上最主要的原则几乎都是由最高行政法院的判例产生的，另外，从权力机关对行政机关制定规范性文件的监督及行政机关内部监督程序来看，同样存在仅在形式上过流程、只备案不审查、备案逾期得不到及时监督、违法文件清理滞后而继续适用等问题，这些实际存在的问题在案例查询中却几乎没有。运用大数据统计系

---

[1]　吴宇龙：《论规范性文件审查的相对独立性》，载《人民司法》2016年第10期，第99页。

统，将土地房屋征收征用类案件按某一层级序列，例如审理法院层级进行整理；若想反映此类案件主要冲突环节所在，可利用大数据分析统计功能，筛选矛盾尖锐地区进行专门分析，各级法院按照自身审理需要择选合适数据进行原则上、价值观方面的审判指导。例如在 2014 年修正的《行政诉讼法》实施后，在北京市昌平区人民法院〔2015〕昌行初字第 49 号案例[1]中，人民法院对原告提出的要求一并审查规范性文件的诉请进行司法审查后，认定其相关条款无上位法等法律依据，被诉行政行为因无法定依据，不能证明被诉行政行为合法。作为刚刚施行的规范性文件一并审查案件，该案具有突破性和示范性作用[2]。

此外，当前我国最高人民法院在全国范围内设有 6 个巡回法庭，各巡回法庭负有发布案例的职责，但各个法庭之间针对同类型案件因审判地域、尺度、原则等不同有时出现冲突。加之当前大量行政诉讼案件集中到最高人民法院，特别是再审案件，最高人民法院根据四级法院审级职能改革定位的要求进行改革，要求高级人民法院在再审案件中承担主体性作用，承担大量行政再审案件的工作，同时将大量案件下沉到基层法院。前述改革启动了《行政诉讼法》的修改，不过，全国人大常委会终止了《行政诉讼法》的修改建议[3]。建议最高人民法院针对土地房屋征用类等与民生息息相关的案件统一发布指导性案例，提高各级法院审理效率和司法统一性。制度或规定的适用度是需要在实践中反复检验的，经过不断淬炼最终会留下契合的制度。[4]

---

〔1〕 参见王某强诉北京市昌平区住房和城乡建设委员会案，北京市昌平区人民法院〔2015〕昌行初字第 49 号一审行政判决书。

〔2〕 本案中，法院经审理认为，被诉《拆迁期限延期批复》依据的《〈北京市集体土地房屋拆迁管理办法〉实施意见》的相关条款违反了上位法的相关规定，故未将其作为认定行政行为合法的依据，并在裁判理由中予以阐明，依法判决确认被告作出的《拆迁期限延期批复》违法。案件生效后，法院依据《行政诉讼法》第 64 条的规定向该规范性文件的制定机关提出相应处理建议，建议择机适时对上述规范性文件进行清理修订，确保行政机关制定的规范性文件与法律法规保持一致，消除与上位法发生抵触或冲突的情形。

〔3〕 刘嫚：《"民告官"案管辖权下放引争议 行政诉讼法修改罕见终止》，载《南方都市报》2023 年 8 月 31 日。2023 年 8 月 21 日，十四届全国人大常委会第十次委员长会议审议通过了全国人大宪法和法律委员会关于终止审议行政诉讼法修正草案的报告。

〔4〕 仝蕾：《行政案件案由制度解析与适用》，人民法院出版社 2022 年版，第 43 页。

《行政复议法》第13条和《行政诉讼法》第53条均有规定，赋予公民、法人或者其他组织对行政行为提起诉讼时，可以一并请求对该规范性文件进行审查。从两法的规定来看，《行政复议法》修改前，对一并向行政复议机关提出审查申请包含的范围比较窄，类似于县级以上人民政府依法设立的派出机关制定的行政规范性文件，具有管理公共事务职能的组织制定的具有行政管理职能的规范性文件。《行政复议法》修改后，在复议范围的规定上与《行政诉讼法》规定的受案范围保持了一致，但按照行政复议功能定位而言，该范围仍较为狭窄，行政复议作为化解行政争议的主渠道，应当将所有外部行政行为，包括内部行为外化的行为纳入行政复议中，才能最大限度发挥其制度功能和价值。

《行政诉讼法》的规定是否能很好地解决前述问题呢？根据《行政诉讼法》第53条的规定，对"国务院部门和地方人民政府及其部门"应当作扩大解释，即所有依照现行法律、法规规定的地方人民政府及其部门制定的规范性文件均应当接受审查。赋予司法机关司法审查的权限，不是说凡事都要让司法机关掣肘行政机关，而是在党的统一领导下，实现法秩序的统一，各机关之间分工负责，相互配合，但必要的制约还是要有的。相互配合、分工合作，很多情形下是党领导下，各部门在有关问题的解决上，相互陈述自己的意见观点，在民主基础之上，最后坚持党的集中统一领导，寻求纠纷解决的最大公约数，这是我们的政治体制和宪制架构决定的，无所谓好与坏，关键看是否适用，是否真正解决了纠纷，是否得到了人民的赞同，是否真正保障了人民当家作主，实现了权利保障的制度价值。在此理念之下，"作为国家意思的'违法还是合法的判断'，在整体法秩序之下，应当尽量没有冲突"[1]。所有行政规范性文件在涉嫌"不合法"时，均应当接受司法的审查和判断。

（二）附带审查转化为直接审查

从我国土地房屋征用行政诉讼案件司法审查实践来看，各法院均遵循了附带审查原则：规范性文件司法审查的要求在原告提起诉讼时一并提

---

〔1〕 〔日〕曾根威彦：《刑法学基础》，黎宏译，法律出版社2005年版，第214页。

出。然而现实中土地房屋征用案件由于诉讼过程复杂，涉案文件繁杂且重叠内容较多，权利人在提起诉讼时很难分清具体应当针对哪个文件提出司法审查，如在涉案补偿标准上，往往基层乡镇、街道设定的标准都不一样。某些案件，往往在法庭审理中，随着案件的深入，法庭调查进入纵深阶段，方能知晓行政行为适用的完整依据。此外，原告提出的附带司法审查要求可能仅集中在某一条款，而法院审查过程中发现了该行政行为所依据的存在违法情形的另一条款，此时司法审查便不应再局限于原告提出的某一条款。建议我国将规范性文件司法附带审查转化为法院可在审理过程中对涉案文件直接审查，提出审查的前提是该规范性文件对权利人造成不利影响，若经审查该规范性文件违法，允许利害关系人单独提出司法审查，但需要利害关系人承担证明自身权益受侵害的义务。在此种转化下，法院将对规范性文件的审理介入前置，及时阻止违法文件继续实施从而防止损害进一步扩大，给予当事人更充分的权利救济途径。此种审查方式在一定程度上加强了行政复议和行政诉讼二者之间在处理规范性文件上的衔接。在行政相对人认为行政机关作出的行政行为侵犯其合法权益，以及行政机关作出的行政行为所依据的规范性文件不合法时，可以依据《行政复议法》的规定提起行政复议，也可以依据《行政诉讼法》的规定提起行政诉讼。除此之外，应当赋予当事人对规范性文件单独起诉的权利，该类诉讼可以作为一个独立的案由，这对提升规范性文件质量，深化国家治理体系和治理能力现代化建设具有重要的作用。当然，该类案件可以设计简易程序，包括在立案时规定原告承担的证明责任[1]，进行独任审理等制度，以更好地监督行政机关依法行政。

（三）行政诉讼与行政复议附带审查模式的对比分析

作为解决行政争议的两种方式，行政诉讼和复议在争议解决的定位、争议解决的范围、争议解决的具体方式、争议解决的效力上等存在差别，两种制度发挥着不同的作用，从行政复议制度的定位来看，其发挥着主渠道作用。在审查模式上，行政复议审查的广度和力度应当强于行政诉讼，

---

〔1〕 〔德〕莱奥·罗森贝克：《证明责任论》（第5版），庄敬华译，中国法制出版社2018年版，第336页。

从行政自制的角度而言，未来在备案审查和复议审查中进行复合性一并审查，应当成为审查制度创新的一个重要观测点。

1. 两种审查方式的共同之处

第一，不能单独对规范性文件进行起诉，只能对规范性文件附带审查。两种规范性文件审查方式是依法规定的，其实现方式都只能是附带性。附带性审查与单独审查相比具有其独特的优越性，由于其实现方式必须依据基础的行政行为才能实现，这大大减少了审查的数量，既减轻了复议工作人员和法院审判人员的工作量，也能针对具体问题具体分析，精准解决规范性文件存在的问题，从另外一种角度看，也是对行政机关行使权力的一种群众监督方式。

第二，附带审查的规范性文件范围局限于一般规定。行政复议和行政诉讼两种方式都是监督行政行为有效运行的良好方式，尽管二者在审查理念和方式上存有差异，但是，在监督和保障行政权的有效运行，维护良好的行政管理秩序上，二者具有共通性，二者都体现为对一般行政规定的审查，主要限于各级政府主体工作部门制定的规定。

2. 两种附带审查方式的差异

第一，行政复议的附带审查方式包括主动审查以及依申请审查两种。我国《行政复议法》第 56 条规定：复议机关对规范性文件是否合法进行审查时，根据是否有权处理作出两种选择，一是自己如果有权处理就在 30 日内依法处理，如无权处理则根据相关法定程序转送相关机关进行处理。现在存在的一个突出问题是，有权处理的，我们可以看到行政机关可以通过自行纠错或者复议机关撤销或者变更行政行为的方式，从合法性上对被申请行为进行审查；但对于复议机构无权审理的，实践中却鲜有看到复议机关转送有权机关进行处理的案例或者清晰的流程图。我们有理由相信，在实际运作过程中，复议机关该转送的没有转送，相当多的案件在发现规范性文件违法时通过了"内部消化和处理"，即上下级协商或者沟通的方式进行了解决。前述解决办法体现出了行政机关通过复议发现内部问题的制度价值，通过内部的协调解决，也凸显了问题解决的直接性和高效性。根据《行政复议法》的规定，对规范性文件发动审查，一方面根据行政相对人的申请提起，另一方面行政复议机关可以依据职权对规范性文件是否合法进行主动审查，并将审查情况进行及时反馈。在行政诉讼的审查过程中，法院也可依职权进行审查，但要以原告在行政诉讼中主动提出申请为前提。现行《行政复议法》对复议机关认为规范性文件不合法应当作何处理进行了规定，复议机关就相关条款的合法性向制定机关发出书面通知，要求制定机关就条款的合法性作出书面答复。该条规定属义务性规范，即复议机关应当就规范性文件的相关条款要求制定机关或者依据的制定机关提供书面说明，并要求其提供相关证据材料。复议机关作为法治政府建设的推动者和积极践行者，理应在提升规范性文件的质量上下功夫，该类监督类似于我国《行政诉讼法》第 25 条规定的行政公益诉讼制度，检察机关作为法律监督机关，可就行政机关怠于履职的行为发出检察建议书，要求行政机关履职或者说明情况，体现了宪法中国家机构之间的权力分工、相互配合和相互监督制约原则。

第二，规范性文件在复议中的附带审查具有高度关联性。我国《行政复议法》规定，复议机关对规范性文件复议时，有权自行处理规范性文件，可以对规范性文件作出维持、变更和撤销的决定。在作出这些决定时，原行政行为的作出机关和复议机关二者间的身份具有同质性，这一点可以从行政复议制度价值中解析，复议在本质上是，作为行政相对人的申请人认为行政机关作出的行政行为存在错误，请求行政机关的上一级机关进行审查，此时审查的方式以书面审查为主，主要是看行政机关作出行政行为的依据和证据是否符合法定条件，同时，对下级行政机关基于法律的解释或适用的条件进行审核，只要该行政行为没有违反法律法规、规章，复议机关就可以维持原行政行为，可以说，复议机关更多是基于行政执法便利的角度和维护行政秩序稳定的角度对原行政行为进行审查。这一点不同于人民法院的司法审查。

有学者认为，对一件规范性文件的审查，很大程度上恐怕就类似于法院对案件的审理，应当遵循不告不理的原则，在没有原告的情况下，法院就不能主动去找来案件并启动审理程序，而专门委员会、常委会工作机构在文件的审查中就类似法院，在没有收到审查建议的情况下，就主动开始审查，也不太适宜[1]。在备案审查中，制定违法规范性文件的不只是地

---

〔1〕 刘松山：《备案审查、合宪性审查和宪法监督需要研究解决的若干重要问题》，载《中国法律评论》2018 年第 4 期，第 27 页。

方人大或者政府，省级司法机关也存在问题，比如某省高级人民法院、省人民检察院、省公安厅 2014 年出台《关于进一步规范伤害案件伤情鉴定工作程序的通知》后，省人大常委会进行了审查〔1〕。审查中发现，办案单位可以邀请司法机关的鉴定人员或者医学技术人员对伤害情况进行鉴定或者提出分析意见，同时规定，该鉴定意见和分析意见可以作为证据使用。该规定与现行诉讼法对证据的有关规定严重不符，属于以部门间规范性文件的方式，无权限作出规定的情形。省级人大常委会发现了上述情况，在审查中指出了该规范性文件存在的问题，后对该规范性文件予以废止。

对同一事项，已经有行政规范性文件作出了规定，下级在其行政管辖地域内对同一事项又作了规定，且该规定对行政相对人而言，限缩了行政相对人的权益和权利，或者增加了行政相对人的义务，在此种情形下，应当适用对行政相对人有利的行政规范性文件。有一个案例能够较好地说明〔2〕。原告向某市食药监管理部门举报某超市（第三人）出售过期食品，食药监部门接举报后认为举报属实，对第三人作出了行政处罚决定，原告要求被告依据《食品药品违法行为举报奖励办法》进行奖励，被告认为，应当依据《济南市食品药品违法行为举报奖励办法》进行奖励，双方对规范性文件的适用产生了分歧，后原告将被告诉至法院。从规范性文件的有效性和可适用性来讲，济南市的办法和国家食品药品监督管理局的办法对原告的行为均可适用。一审法院认为，被告适用济南市的办法事实认定清楚，适用规范正确，原告提出依照国家食品药品监督管理总局和财政部制定的办法进行奖励无事实和法律依据，据此驳回了原告的诉讼请求。后原告上诉，济南市中级人民法院认为，依据济南市的办法奖励 0.2 元，依照国家办法奖励 2000 元，在二者同样适用的前提下，应当本着对行政相对人有利的原则适用规范。济南市中级人民法院撤销了历城区人民法院的判决，本着政府诚信的原则，综合考虑举报人权益保护和"职业打假人"适度抑制的原则，要求被告在判决指定时间内重新作出奖励行为。

〔1〕　全国人大常委会法制工作委员会法规备案审查室编著：《规范性文件备案审查案例选编》，中国民主法制出版社 2020 年版，第 218 页。
〔2〕　余晓龙、孙继发：《部门规范性文件的选择适用标准与综合考量——对一起食品违法行为举报行政奖励案的分析》，载《法律适用》2019 年第 10 期，第 45 页。

上述案件还反映了另外两个法律问题，一是行政机关在制定规范性文件的时候，是否要提前检索或者穷尽相关规范性文件，特别是不同规范性文件对同一问题的规定是否已经特别清晰。特别是规范性文件存在冲突时，从行政行为的过程来看，行政机关是否要履行报请手续，针对适用法律的问题要求上级机关给出相应说明，或者是否可以请求上级机关或者主管部门提出分析意见和建议。二是规范性文件制定机关在制定规范性文件时，如果行业主管部门或上级机关对某一事项已经作出规定，该部门在制定新的行政规范性文件时仍然作出与上级部门规范性文件存在矛盾或者冲突的规范性文件，制定部门应当承担何种责任？因为上述两个问题都影响着行政效能的提升，违法制定行政规范性文件相较于违法执行行政规范性文件而言，对社会的破坏作用更大，同时浪费行政资源和司法资源，并使公民、法人和其他组织无所适从[1]。

针对第一个问题，应该说，行政机关在执法时，有选择的自由，但该自由应该受到限制，当执法机关发现执法依据不明或者存在冲突时，应当报请相关机构查明或者给予相应解释以准确适用法律。国务院全面推行的"三项制度"[2]、《行政处罚法》第 58 条规定的重大行政处罚决定的法制审核制度[3]，在适用法律上，凸显了决策者和执法者对法作用于社会现实生活的重视。从诉源治理的角度来讲，有些诉讼案件的形成有历史的原因、制度的原因，但也有法律在适用中变形走形的原因。立法者制定法律后，从一定程度而言，立法已经滞后了，在执法者执行法律时，既要进行

---

〔1〕 中央全面依法治国委员会 2022 年 8 月 11 日发布《关于进一步加强市县法治建设的意见》，要求市县政府要加强行政规范性文件制定和监督管理，及时公布规范性文件制定主体清单、文件目录清单，完善评估论证、公开征求意见、合法性审核、集体审议决定程序，加强备案审查工作，坚决杜绝乱发文、发"奇葩文件"。

〔2〕 参见国务院办公厅《关于全面推行行政执法公示制度执法全过程记录制度重大执法决定法制审核制度的指导意见》（国办发〔2018〕118 号）。

〔3〕 第 58 条规定："有下列情形之一，在行政机关负责人作出行政处罚的决定之前，应当由从事行政处罚决定法制审核的人员进行法制审核；未经法制审核或者审核未通过的，不得作出决定：（一）涉及重大公共利益的；（二）直接关系当事人或者第三人重大权益，经过听证程序的；（三）案件情况疑难复杂、涉及多个法律关系的；（四）法律、法规规定应当进行法制审核的其他情形。行政机关中初次从事行政处罚决定法制审核的人员，应当通过国家统一法律职业资格考试取得法律职业资格。"

教义学的解释，也要进行释义学的解释，综合分析事实和法律之间可能存在的一致和矛盾之处，综合运用法的解释方法，准确和全面地解释法律，让法律真正解决社会实践中存在的问题，使静态的法变成活生生的法，法律真正要发挥的作用，就是要把顺繁杂的社会现象，解决社会中存在的矛盾，让社会处于一种安定有序的状态。

针对第二个问题，制定的法律存有错误或者重复立法。在法律对某一事项已经有了较为明确的规定时，地方只需根据上位法的规定严格执行，但地方为了凸显在立法上的成就，为了立法而立法，实则违背实事求是的原则，造成重复性立法。重复性立法的危害不止是立法上的简单重复，还在于，为了凸显地方立法与上位法的不同，为了突出自己的创新，改变立法的原则和技术，违法创设权力和限制权利，增加不必要的程序和麻烦。在疫情治理过程中，地方主政者看到了疫情依法治理的重要性，但在治理手段上没有做到依照上位法、依照法律原则和法律的基本精神制定相关规定，如各地频繁出现的不注射疫苗限制就业、已患新冠病毒康复者就业歧视，不进行新冠检测就要罚款、拘留等违法手段层出不穷[1]。为此，在违规违法制定规范性文件上，应当实行追责制度，无论是部门自行立法还是通过委托方式进行立法，立法者应当对相应立法文本进行追责问责，明确立法者的立法责任边界，防止重复立法，禁止违规违法立法。人民法院在规范性文件一并审查时，如果发现行政规范性文件违法或者违规，根据我国的体制，人民法院无权自己直接认定某一法律违宪，撤销某一法律或者认定某一规范性文件无效。现行《行政诉讼法》对行政规范文件的审查只是以另外一种方式开了一个小口子。无司法审查权但有选择适用权，即选择合法、合规的规范性文件。此外，上述情形还应当报请人大或者纪委监委等部门，审查该规范性文件的制定是否存在其他违法违规情形。按《行政诉讼法》第64条的规定，法院如认为规范性文件不合法的，不作为行政行为合法的依据，并有权向相关制定机关提出处理建议。对经查证属实的，可以借鉴行政执

---

[1]　澎湃新闻2022年7月17日报道，7月12日，山东临沂朱芦镇发布消息，在全镇进行核酸检测工作时，发现辛庄村居民赵某某未按照疫情防控要求进行个人核酸检测一天一检，未向居住地社区报告被罚200元。

法中出现的渎职行为进行立案查处[1]，各地在制定规范性文件时，也对违法制定规范性文件制定了追责手段。要加大对违规违法制定行政规范性文件的惩处力度，从源头上提升行政规范性文件制定的质量和层次。

解决了前述两个问题，似乎还未能回答在效力等级上相同的行政规范性文件，就同一事项作出了规定，到底应当采用哪个制定主体制定的行政规范性文件。行政效力等级和法律效力等级无论如何是不能画上等号的[2]，二者虽有一定联系，但属于不同的范畴，我们实际上是根据行政等级决定规范性文件的法律效力等级，分别赋予不同等级的行政机关制定的规范性文件在行政诉讼中以依据、参照和不予考虑地位。这就出现了一个问题，在行政管理中，规范性文件的效力与制定主体高度相关，级别越高效力越高；但同时也存在另一个问题，就是效力层次高的规范性文件具体适用性或者说可操作性并不强，这是实践中存在的一个悖论。所以在宪法架构下，有学者认为，从组织法的角度来理解，按照《地方各级人民代表大会和地方各级人民政府组织法》的规定，基于上下级政府的领导关系，上级主管部门对下级主管部门具有指导和监督的关系，鉴于该法第83条的规定[3]，上级主管部门发布的部门规范性文件在性质上更符合行政命令的特征，上级主管部门以规范性文件的形式发布政令，对下级相关部门业务起到指导或领导的作用，也有利于提升行政的效率，下级部门应当遵从。按照制定主体的级别来确定规范性文件的效力的观点，从组织法来讲，也具有一定合理性。行政规范性文件除刚才所言的有一个一般的适用标准，即根据制定主体来判断外，还应当确立一个基本的法理性的标准，即应当遵循有利于行政相对人利益的公法原理或者行政法基本原理，在立法者看来，维护相对人的合法权益本身是为了促进公共利益。任何立法都

---

〔1〕 法制科科长拟同意执行违法"会议纪要"被定滥用职权罪。参见河北省高级人民法院[2019]冀刑申 269 号驳回申诉通知书。

〔2〕 江必新、梁凤云：《行政诉讼法理论与实务》（第3版）（下），法律出版社 2016 年版，第 1509 页。

〔3〕 《地方各级人民代表大会和地方各级人民政府组织法》第 83 条规定：省、自治区、直辖市的人民政府的各工作部门受人民政府统一领导，并且依照法律或者行政法规的规定受国务院主管部门的业务指导或者领导。自治州、县、自治县、市、市辖区的人民政府的各工作部门受人民政府统一领导，并且依照法律或者行政法规的规定受上级人民政府主管部门的业务指导或者领导。

具有一定的滞后性，在立法时，有其看到的一面，也有其看不到的一面，因此立法应当对规制的生活秩序留有一定余地。前述观点在我国现行立法中也有体现，如根据《立法法》的规定，立法不溯及既往，但为了维护公民、法人和其他组织的合法权益和利益的除外[1]。

复议机关和人民法院对规范性文件的审查角度也存在差别。复议机关更主要关注行政行为实施的效果，更容易从结果角度看待行政行为，基于自身行政视角去审视和观察整个行政行为。这一点和司法审查往往不同，司法审查更注重行政行为的合法性，包括程序的合法性。从拆迁违法赔偿诉讼来看，复议机关对行政机关的强制拆除行为往往更多关注拆迁公共政策的实现，拆迁过程中个别拆迁户的利益保护，往往相对于实现拆迁公共利益的整体性目标而遭到选择性忽视，在较多针对拆迁补偿的行政复议案件中，复议机关往往对拆迁中的违法强制执行行为不予评论，更多从规范性文件要实现的公共利益出发，使得规范性文件中的个别条款逸脱了复议机关的"主动审查"。

四、合法性审查的现状

当前，规范性文件一并审查的案件比例并不高，规范性文件可以一并审查的规定并没有带来立法时可能导致案件数量井喷的担忧。人民法院在立案、审理等环节中，主动审查规范性文件合法性的意愿并没有与立法者的设想达成一致。即便是进入人民法院审查范围的规范性文件，认为规范性文件违法的也少之又少。据最高人民法院统计，从 2016 年到 2018 年，规范性文件附带审查案件约为 3880 件，仅仅占全部案件的 0.6%。司法实践中不予审查的理由既有缺乏关联性，也有从形式上不属于规范性文件。具体而言，关联性的审查，在司法实践中存在以下几种情形：

第一，行政行为的作出与原告提出的规范性文件完全没有任何关系。这种情形在不履行法定职责的诉讼中占比较多。人民法院通过司法审查，认为行政行为不履职是以完全不作为形式作出的，该不作为行为与原告主张的规范性文件没有任何关联，从而只对不作为行为作出认定，对原告提

---

[1] 参见《立法法》第 104 条：法律、行政法规、地方性法规、自治条例和单行条例、规章不溯及既往，但为了更好地保护公民、法人和其他组织的权利和利益而作的特别规定除外。

出的应当作为依据的规范性文不予审查。实践中的大多不作为的确与规范性文件关系不大，或者说几乎没有关联性；但也不否认，有些不作为是依据规范性文件作出的，如果法律法规对行政机关有要求作为的义务，规范性文件削减了行政机关应当作为的义务或者增加了公民义务，人民法院基于监督行政行为的原则，仍应当从合法性上、是否明显不合理性上对该规范性文件进行审查。

第二，规范性文件中的条款与被诉行政行为有关，但原告在诉讼状中援引的条款不正确，或者存在"错位"现象。该错位现象包含两种情形：第一种情形是，被诉行政行为与原告起诉的行为并非同一行为，如原告起诉的是信息公开行为，但主张审查的规范性文件是据以作出的不予许可行为；第二种情形是，援引的条款出现了错误，这一点较好理解，如在起诉状中提出要审查第 6 条，但据以作出的行为实际是根据第 7 条作出的，这一点，原告容易受行政决定书的影响，即行政机关援引的错误导致原告在起诉状中依据的错误。无论在司法裁判中还是在行政执法中，出现错误是难免的，但正确的态度是，不要存有"只有自己才不会犯错误"的固执，就像卡多佐所言，"在我自己的司法意见发布几个月后，再捡起带着适度的悔悟重新阅读……它很容易——且带着某种更大程度的满足——导致一个结论，只有自己才不会犯错误"。[1]

第三，被诉行政行为与规范性文件存在适度关联。适度关联本身否定了前述两种情形。此种情形下人民法院需要以实质性判断为准来衡量规范性文件是否触及了行政相对人的利益。适度关联包含了或然性，也包含了一定关联性，甚至是仅作为行政行为的参考。前述三种适度关联不能一概作为规范性文件逃逸司法审查的理由。往往有些行为看似与规范性文件没有关联或者仅仅具有一定关联，但实质上影响和左右了行政机关作出被诉行政行为[2]。《人民法院报》记载的数据表明，从 2016 年到 2018 年间，

---

〔1〕 ［美］本杰明·卡多佐：《司法过程的性质》，苏力译，商务印书馆 1997 年版，第 15 页。
〔2〕 如在重庆秦皇建材有限公司诉重庆市万州区城乡建设委员会限期拆除违法建筑决定案中，人民法院根据该规范性文件对当事人权利和义务的影响程度进行了判断，而非仅仅以关联性不大，并非直接依据为托词使规范性文件免于审查。参见重庆市第二中级人民法院［2015］渝二中法行终字第 00197 号行政判决书。

我国一审行政案件的收案数大约有 651 544 件，在这之中规范性文件附带审查案件数约为 3880 件〔1〕。人民法院对规范性文件的审查并没有因为第 53 条的规定而有提升，相反，综合考量各个因素，审理规范性文件所带来的工作量和复杂程度使得法官本身就不愿触碰此类案件。从规范性文件一并审查案件的前景来看，虽然悲观但还应当积极探索，虽然占比不是很高，但是规范性文件附带审查案件的提起量还是有近四千件，需要总结审判实践经验，也需要出台相应配套制度，从审判管理和审判质效的角度鼓励法官积极审判该类案件。

（一）行政规范性文件的关联性

基于行政管理的广泛性和复杂性，实践中存在着多个规范性文件同时适用于一个案件的情形，人民法院也不会对案涉所有规范性文件进行审查，只会对作为直接作出依据的规范性文件进行审查，否则势必会消耗大量的人力和物力，从而造成司法资源的浪费。因此，法院在进行审查的同时，应当对审查的范围进行限制，通常以"关联性"为标准，通过对关联性的判断来决定将哪些文件列入审查范围，哪些规范性文件通过初步审查不再列入审查范围。有的地方法院还要求原告对是否存在依据关系进行举证。在山东博精化工机械有限公司与淄博市周村区人力资源和社会保障局工伤行政确认案中〔2〕，原告提出审查规范性文件，人民法院应当针对原告的诉求对《认定工伤决定书》是否依据了规范性文件进行审查，人民法院是否对规范性文件进行审查，取决于申请人有没有提出规范性文件一并审查的请求，并不取决于原告是否向人民法院提供事实依据和法律依据证明该行政行为是依据规范性文件作出的，即该证明责任不应强加于原告之上，再者，从《行政诉讼法》第 53 条的规定上也推不出原告具有该等义务。上述案例充分说明，实践中人民法院对规范性文件一并审查的案件数量较少，有意愿不足、业务能力不足的原因，也有现有考核和评价机制的原因。这些急需在后续的司法实践中继续探索和完善。

---

〔1〕 刘婧：《加强对规范性文件的司法监督 促进公民权益保护》，载《人民法院报》2018 年 10 月 31 日。

〔2〕 参见山东省淄博市周村区人民法院［2015］周行初字第 11 号行政判决书。

对于规范性文件一并审查的具体程序，《行政诉讼法》没有作出规定。在实践中，由于关联性这层滤网，人民法院在论及行政行为与规范性文件的关联时多不进行细致分析，往往直接以被诉行政行为与规范性文件之间不具有关联性为由直接将规范性文件审查的请求拒之门外。一些法官吸收了"洛阳种子案"法官的教训，在对规范性文件的审查中采用了较为保守和谨慎的态度。在裁判文书中多以"未与上位法冲突""并未违反上位法规定""并未与法律、法规和规章相抵触"等简单评价。[1]这也使得我们进一步考虑该制度在设计层面是否存在缺陷，以及如何平衡效率和公平正义之间的关系。罗尔斯的观点应当再次得到重申，即正义是社会制度的首要价值，无论多么有效率的制度，如果存在不正义，则必须废除。

笔者在"中国裁判文书网"上以"《行政诉讼法》第 53 条"为关键词进行检索（起止日期为 2015 年 5 月 1 日至 2020 年 2 月 10 日），并删除重复上传与缺少有效信息的相关案例，共获得一审行政裁判文书 651 件。其中，法院裁定驳回（包括单独提起规范性文件审查请求被驳回以及一并驳回附带审查请求两种情况）的案件共有 213 件，约占总案件数量的 33%，这种情况在法律上争议不大。主要争议存在于司法裁量空间较大的几种案件类别中，譬如，没有在法定期限内提起审查申请，且无正当理由的案件约有 22 件；被法院认为不属于规范性文件性质范畴的案件约有 104 件，其中党委文件性质的约有 21 件；以缺少关联性为由（不是被诉行政行为的依据）而被法院拒绝审查的案件共有 205 件，占据了约 31%的极高比例。最终能够进入实质审查的案件共有 107 件，仅占 16%的比重，而且这些案件中，规范性文件多数情况下被法院简略论证为合法有效，而被严格审查并认为存在合法性瑕疵的仅有 13 件，不到案件总数量的 2%。

人类发展的历史表明，政府对私人的干预是必要的。但这一必要的"恶"应当控制在一定范围内，是我们不完美现实和人类局限性的副产品。"只有利害相关人共同承担责任并共同参与，在个人自由与社会需求之间，

---

〔1〕 河南省平顶山市中级人民法院课题组、杜伟杰：《行政规范性文件一并审查制度研究》，载《山东法官培训学院学报》2022 年第 2 期，第 155 页。

才能有平衡的关系。"[1]在政府对社会经济的干预过程中，完全奉行"议会主权"式的政府管控理念已经严重滞后于社会的发展。从静态的规范研究到动态的执法、司法研究，是我国近些年行政法学领域的重要发展趋势，在规制研究中，赋予政府一定的自主权限，是行政管理实践的客观要求。从权力分工来看，行政权本身要适应社会现实的需要，在传统管制和现代管制之间，政府也在寻求平衡，也在进行摸索，特别是新兴领域和新技术的出现，需要政府创新管理手段和管理理念。现代行政权要适应社会的发展，单一的、传统的管理手段已经不能适应社会的发展，而是蕴含了相当多的创制权和裁断权，行政机关自己制定规范，自己执行规范，自己裁决因执行规范而发生的争议和纠纷[2]。在行政指导、行政协议和诸多新兴行政领域，即便是为克服立法周期、费用、信息和知识等多方面的局限，人大立法和行政立法工作也不能以"昨日之法绳今日之事"，立法的滞后性和不周延是厉行法治必须付出的代价，且前述机关很难穷尽未来之情势变迁，这些客观现实必然导致存在法律未能覆盖的行政管理领域，出现了服务和监管领域的法律空白。在某一公共管理领域出现社会需求而又存在法律空域时，赋予行政机关通过制定规范性文件采取行政措施对社会进行规制的权力，实为现实社会"不得不"的选择。社会生活中存在很多新兴领域，法律的规定总是滞后的，很多新兴行业和领域要给其发展的时间和空间，遵循边发展边治理式的发展模式，先行先试，鼓励创新，在其发展的必要性和可行性得到肯定后，可以以地方立法的形式进行固定。这是我国在改革开放后摸索出来的一种稳定且可行的发展模式。现实的需要无需耗费口舌，发展才是硬道理，这可能也是规范性文件存在的价值和空间。相较于法律、法规和规章的制定，规范性文件的制定具有随时性和见缝插针一般的灵活性优势。无论是在规范性文件的制定中，还是在司法审查中，发现规范性文件违法并不可怕，鼓励规范新兴产业，鼓励创新，鼓励先行先试与对规范性文件的追责并不矛盾，追责追的是不按照法定程

---

〔1〕［英］科林·斯科特：《规制、治理与法律：前沿问题研究》，安永康译，清华大学出版社 2018 年版，第 6 页。

〔2〕姜明安主编：《行政法与行政诉讼法》（第 6 版），北京大学出版社、高等教育出版社 2015 年版，第 26 页。

序，严重违反上位法的规定，有法不依，制定规范性文件不科学的做法，党中央和国家的政策和法律是允许先行先试的，特别是在地方立法领域，但同时，我们强调，要以法治思维和法治方式推进国家治理体系与治理能力的现代化。"法官将何以得知什么时候一种利益已超过了另一种利益，我只能回答，他必须像立法者那样从经验、研究和反思中获取他的知识。"〔1〕然而现实社会生活却是千变万化、丰富多彩的，有时就某类事务而言，虽有具体法律依据，但适用该依据将造成个案的不正义，或者造成地方官民之间的冲突，适用该规范将对社会造成较大的负面影响，此时我们应当进行评估。否则如果刻板地采取法律法规规定的行为，会产生新的不正义，规范性文件可以针对某些新出现的情形，结合法律法规的基本立法目的和原则而适时作出调整，动态地审视规制法律规范与政治经济社会文化因素的互动〔2〕，有效规避因适用法律、法规而产生的问题。

在当今法治中国的建设中，习近平总书记在中央全面依法治国工作会议上系统阐述"十一个坚持"时〔3〕，提出推动法治国家、法治政府、法治社会一体化建设。我们始终认为，法治政府的建设是主体工程，是法治中国建设中"最短的一块木板"，人民法院对行政诉讼案件的审理，从实质上推动着法治政府的建设，这不仅符合当下的政治理念和宪法精神，也是行政法律和《行政诉讼法》实施的重要目的。对规范性文件的审查制度应当一以贯之地坚持，同时要扩大审查的范围，对一般行政规定即传统认为的抽象行政行为，并非在原告提起时，该规范性文件已经作为行政行为的依据才能接受人民法院的合法性审查，在后续的探索中，应当采用实质性标准，只要公民、法人和其他组织认为（坚持主观诉讼标准）行政机关

---

〔1〕 ［美］本杰明·卡多佐：《司法过程的性质》，苏力译，商务印书馆1997年版，第70页。

〔2〕 ［英］科林·斯科特：《规制、治理与法律：前沿问题研究》，安永康译，清华大学出版社2018年版，第5页。

〔3〕 "十一个坚持"是指：坚持党对全面依法治国的领导；坚持以人民为中心；坚持中国特色社会主义法治道路；坚持依宪治国、依宪执政；坚持在法治轨道上推进国家治理体系和治理能力现代化；坚持建设中国特色社会主义法治体系；坚持依法治国、依法执政、依法行政，共同推进法治国家、法治政府、法治社会一体建设；坚持全面推进科学立法、严格执法、公正司法、全民守法；坚持统筹推进国内法治和涉外法治；坚持建设德才兼备的高素质法治工作队伍；坚持抓住领导干部这个"关键少数"。

的行政行为和所依据的规范性文件侵犯其合法权益，就可以提出规范性文件一并审查的要求，目的是通过司法审查倒逼规范性文件治理的质效和水平，提升国家治理能力和促进治理体系现代化。同时，对人民法院对规范性文件审查的案件提出科学化的评价和评估机制，鼓励该类案件的释法说理，通过行政审判发挥人民法院在现行政治架构中的能动机制，不能对规范性文件审查案件仅以"没有关联性""不能举证证明被告作出的行政行为与规范性文件相关"等一言带过，逃避司法审查。

　　裁判缺乏说理和推理，特别是在案件裁判中没有进行认真说理，即便判决结果已出，对后续同类案件的裁判仍不能产生积极的作用和影响，针对同样的问题，规范性文件仍有可能存在合法性和合理性上的疑问。到底是事实认定问题，还是法律适用问题，问题如果在备案审查中没有及时排除，在对规范性文件进行司法审查的过程中仍不能得到有效解决，则后续仍然不能得到很好的解决，有学者认为，可以通过鼓励参与甚至通过有奖报告的方式来鼓励公众发现规范性文件存在的问题[1]，从这一点也看出了制度性资源在规范性文件治理上存在的不足，运行良好的制度，依靠的应当是制度本身的周延性规定，通过制度本身就能很好地化解和消弭问题，而非动辄通过类似"全民参与"的方式。

　　（二）行政规范性文件的分类至今尚未厘清

　　规范性文件涵盖的内容较广，除立法机关、司法机关制定的规范性文件外，党组织也在制定规范性文件，从制定主体来区分相对较为容易，但实践中也存在司法机关与行政机关，党政机关联合发文的情形。除前述立法机关和司法机关制定的规范性文件外，规范性文件主要是由行政机关制定的，大多涉及行政管理过程中的创制性、解释性和细化性的规定。从规范性文件调整内容上来说，当前规范性文件也存在许多倡议性的内容，发布主体希望通过市民公约、乡规民约、行业规章和团体章程等，向社会发布宣导性、指导性和建议性的告示、纲要和指南等。

　　规范性文件备案审查当前主要由《行政法规制定程序条例》《规章制定

----

〔1〕　李克杰：《地方"立法性文件"的识别标准与防范机制》，载《政治与法律》2015 年第5 期，第 67 页。

程序条例》规定，其他规范性文件进行了跟进性规定，如2002年1月1日，《法规规章备案条例》对法规和规章的备案作出了规定。2012年1月，最高人民法院、最高人民检察院《关于地方人民法院、人民检察院不得制定司法解释性质文件的通知》指出，最高人民法院、最高人民检察院都会制定相应司法解释和司法解释性质的规范性文件，除最高人民法院制定司法解释和最高人民检察院制定检察解释外，地方各级人民法院和人民检察院均不能制定相应规范性文件。从《立法法》角度讲，审判权和检察权的行使属于立法保留事项，在法律没有相应规定的前提下，地方无权对司法权力的运作和运行作出规定〔1〕。就地方人大制定的关于检察机关是否有权对诉讼活动进行监督的法规的问题，全国人大常委会法律监督委员会作了专项审查。专项审查地方人大常委会关于加强检察机关诉讼活动法律监督工作，针对地方人大是否有权制定相关法规，全国人大常委会和最高人民检察院意见不同，全国人大法制工作委员在地方人大常委会向其询问这一问题时认为，地方人大常委会不得就国家专属立法权的事项作出规定。在法规备案审查室发函征求最高人民检察院意见时，最高人民检察院认为〔2〕，

〔1〕《立法法》第11条规定："下列事项只能制定法律：（一）国家主权的事项；（二）各级人民代表大会、人民政府、监察委员会、人民法院和人民检察院的产生、组织和职权；（三）民族区域自治制度、特别行政区制度、基层群众自治制度；（四）犯罪和刑罚；（五）对公民政治权利的剥夺、限制人身自由的强制措施和处罚；（六）税种的设立、税率的确定和税收征收管理等税收基本制度；（七）对非国有财产的征收、征用；（八）民事基本制度；（九）基本经济制度以及财政、海关、金融和外贸的基本制度；（十）诉讼制度和仲裁基本制度；（十一）必须由全国人民代表大会及其常务委员会制定法律的其他事项。"

〔2〕最高人民检察院回函表示：其一，省级人大常委会制定有关加强检察机关诉讼活动法律监督工作的决议或者决定，是地方人大常委会对检察机关进行工作监督的具体方式，符合宪法和有关法律规定，与现行有关法律规定不相抵触，也没有超越现行法律的基本原则和精神，对加强人大的监督作用具有积极意义。其二，加强检察机关诉讼活动法律监督工作的决议或者决定，应当由省级人大常委会制定，省级以下地方人大常委会不宜再层层制定，其主要职责应当是在本行政区内监督相关机关遵守和贯彻。个别设区的市制定的有关检察机关法律监督的地方性法规，个别内容与民事诉讼法、刑事诉讼法的规定不尽一致，与监督法不相符合。其三，建议采取适当方式，按照立法法规定，明确司法制度、司法职权、诉讼制度属于中央专属立法权，地方人大不得就此制定地方性法规。2009年12月，最高人民检察院《关于进一步加强对诉讼活动法律监督工作的意见》要求，各级人民检察院要积极争取人大常委会采取执法检查、听取诉讼监督专项报告、作出决议、对有关部门工作开展监督等形式，加强对诉讼监督工作的监督和支持。各地在这个问题上竞相仿效，目前已有29个省级人大制定了相关决议或者决定。这一问题涉及面广，情况十分复杂，认识尚不统一，处理难度很大，应当进一步研究。

省级人大可以决议和决定的形式制定有关检察监督的规定，这是地方人大常委会进行监督的具体方式，但省级人大不宜以地方性法规作出规定，除省级人大外，省级以下地方人大不宜再作出相应规定。

根据举重以明轻的原则，地方人大就检察监督活动无权制定地方性法规来进行规约，那么地方各级人民法院和人民检察院也无权对有关审判和检察活动制定有关规范性文件，除非全国人大作出授权性决定或者决议。但地方法院和检察院在实际工作中却通过发布规范性文件的方式配合党和政府在某一时期和阶段的总体要求，如在中国国际进口博览会期间，上海市高级人民法院发布了两个司法政策文件，一个是《关于服务保障中国国际进口博览会的若干意见》，另一个是《关于进一步完善行政争议实质性解决机制的实施意见》。依据《立法法》和《法规、司法解释备案审查工作办法》，最高人民法院和最高人民检察院发布的决定和命令可以纳入备案审查范围，除前述两个主体之外发布的决定和命令是不能纳入备案审查范围的。根据最高人民法院《关于司法解释工作的规定》，最高人民法院除制定司法解释外，还制定了一系列的司法政策。司法政策往往是为了解决一段时间内比较突出的问题而制定的，这些司法政策虽然不属于司法解释的范畴，但是对人民法院审理行政案件具有约束力〔1〕。这方面的司法政策主要有：《关于开展行政诉讼简易程序试点工作的通知》《关于审理行政案件适用法律规范问题的座谈会纪要》《关于加强和改进行政审判工作的意见》《关于依法保护行政诉讼当事人诉权的意见》等。有学者对1997年7月1日至2016年12月31日期间，最高人民法院发布的各类决定、命令等进行统计，发现在前述时间内，最高人民法院共发布各种决定和命令2868件，其中司法解释占比仅为41%，其余近60%均为各类性质的规范性文件。司法解释性质文件虽非司法解释，但也是针对具体适用法律问题进行的解释〔2〕，从最高人民法院的职能定位而言，其作为职能部门角色执行公共政策的形象非常突出。

根据《各级人民代表大会常务委员会监督法》第30条，地方人大常

---

〔1〕　梁凤云：《行政诉讼讲义》（上），人民法院出版社2022年版，第50页。

〔2〕　彭中礼：《最高人民法院司法解释性质文件的法律地位探究》，载《法律科学（西北政法大学学报）》2018年第3期，第16页。

委会对备案审查中出现的法定情形可以撤销规定〔1〕，有学者认为，在备案审查过程中，可运用行政法基本原则审查规范性文件〔2〕。当然，运用行政法的基本原则进行备案审查时，既要考虑基本原则可以作为备案审查的原则，同时，在行政法的审判过程中，基本原则也应当作为审判过程中予以把握的原则，原则在具体案件中的应用应当贯彻在没有具体规则时方适用原则的原理限制。一般来说，行政法基本原则不直接调整和规范行政行为的实施和性质争议的处理。但是在某些情况下，相应问题缺少行政法具体规则的调整，在新兴治理领域中无法可依或者仅有一般性的指导性文件，并无具体条款去规制行政机关的行政行为，为行政机关执法留下大量的自由裁量空间，某些行政行为因缺乏直接执法依据，也直接依据行政法基本原则作出相应行为和裁决相应争议〔3〕。这正如民法中的诚实信用和意思自治原则，在没有具体规则时，或者在具体规则不明时，原则就成了裁判的参考或者准据。

在备案审查中，区县部门还缺乏专业的审查机构和审查人员，对此可以参照《行政复议法》和《行政处罚法》等，对初次担任规范性文件备案审查的人员在资格上进行规范和限制，以提高从业人员专业素养和水准。〔4〕

规范性文件在法律体系中数量庞大，具有法的规范性特征，即为规制不特定对象设定了权利和义务〔5〕。2013年10月，根据浙江省政府法制办征询意见函的要求，浙江省某市人大常委会法制工作委员会对《某市人民政府关于加强市区活禽集中交易（屠宰）管理的实施意见》（以下简称

〔1〕 第30条规定："县级以上地方各级人民代表大会常务委员会对下一级人民代表大会及其常务委员会作出的决议、决定和本级人民政府发布的决定、命令，经审查，认为有下列不适当的情形之一的，有权予以撤销：（一）超越法定权限，限制或者剥夺公民、法人和其他组织的合法权利，或者增加公民、法人和其他组织的义务的；（二）同法律、法规规定相抵触的；（三）有其他不适当的情形，应当予以撤销的。"

〔2〕 于金惠：《运用行政法基本原则审查行政规范性文件》，载《人大研究》2015年第11期，第27~29页。

〔3〕 姜明安：《行政法》（第5版），法律出版社2022年版，第134页。

〔4〕 鲍淑蔷：《当前区县人大开展规范性文件备案审查工作存在的问题及对策》，载《山东人大工作》2015年第1期，第18页。

〔5〕 黄金荣：《"规范性文件"的法律界定及其效力》，载《法学》2014年第7期，第20页。

《实施意见》）第 3 点第 5 项规定，进行了主动审查，认为存在以下问题：《实施意见》第 3 点第 5 项规定了"市区所有农贸市场一律不得从事活禽屠宰和经营，市区各农贸市场经营户的禽产品必须到指定的活禽集中屠宰场进货，方可上市经营"。浙江省政府法制办经研究，认为上述规定减损了经营户权利，没有上位法依据，存在合法性问题。2013 年 10 月，市人大常委会法制工作委员会与市政府进行沟通。11 月，市政府下发通知，暂缓执行《实施意见》[1]。

（三）同一机关制定的规范性文件效力认定存争议

根据《立法法》的规定，从法律位阶上来讲，规章的效力高于规范性文件，这是法的秩序的要求，这一点不能有任何含糊。但实践中却将它们混为一谈，因为在全国人大常委会制定法律、国务院制定行政法规、国务院各部门制定规章的同时，这些机关还要就某个领域的问题或者某一类问题甚至是具体问题作出解释，就同一机关制定的规范性文件效力或者适用问题，《立法法》作了明确规定，但同一机关通过立法程序进行的立法和制定的规范性文件效力如何，学界和司法界有不同看法。不仅行政规范性文件的效力在实践中认识不清，立法机关制定的法律、地方性法规和其制定的规范性文件的效力也存在认识不清的问题，比如按照《立法法》的规定，法律的出台最后需要国家主席签署，否则，不能称之为法，然而全国人大常委会制定的诸多决议、决定等，并没有履行相应程序，但并不能否认其与法律具有相同或者同等的法律效力。1981 年，全国人大常委会出台《关于加强法律解释工作的决议》，将审判和检察工作中具体适用法律、法令的问题交由最高审判机关和最高检察机关进行解释。实际情况是，两个最高司法机关并不只是制定司法解释的事项，其他诸多关于道路交通安全违法行为处理程序规范等非司法解释事项也由其通过规范性文件来发布，严格来说，二者只有对法律适用的解释权，并无制定规范性文件的权力。全国人大常委会似乎也认同了二者制定司法规范性文件的权力，如 2013 年，全国人大常委会法制工作委员会《关于司法解释集中清理工作情况的

---

〔1〕　参见全国人大常委会法制工作委员会法规备案审查室编著：《规范性文件备案审查案例选编》，中国民主法制出版社 2020 年版，第 270 页。

报告》提到了"司法解释、司法解释性质文件以及其他规范性文件"。

（四）规范性文件的效力实践中难以认定

就规范性文件的效力，有一个案例值得探讨。受新冠肺炎疫情影响，2020 年 5 月，国家发展和改革委员会等部门出台了《关于应对新冠肺炎疫情进一步帮扶服务业小微企业和个体工商户缓解房屋租金压力的指导意见》，要求国有资产类房屋要对小微企业和个体工商户减免房租；教育部办公厅在 2020 年 7 月也出台了《关于进一步加强国有资产出租出借管理的通知》，同前述文件一样，规定减免房租。山东省人民政府办公厅出台了《关于抓好保居民就业、保基本民生、保市场主体工作的十条措施的通知》，鼓励国有资产类房租进行减半或者减免。

2020 年 4 月，山东省委经济运行应急保障指挥部发布了《关于加快企业项目全面复工达产的若干政策措施及实施细则》，该细则经省委常委会会议研究，经省委主要领导同志同意印发。《关于加快企业项目全面复工达产的若干政策措施及实施细则》第 5 条规定，进一步加大疫情防控期间房产租金减免政策力度。对承租房屋所有权属于政府机关、事业单位和国有企业的经营性房产的，包括租户不直接与房屋所有权属单位签订房屋租赁合同而是通过第三方签订租赁合同的租户，免收 2020 年一季度房产租金，减半收取二季度房产租金。

作为餐饮经营企业，从上述文件制定时间来看，教育部文件（2020 年 7 月）、发改委文件（2020 年 5 月）发布时间都晚于山东省文件（2020 年 4 月），发改委和教育部文件的适用对象都是小微企业，山东省文件的适用对象并没有明确规定必须是小微企业。对于减免租金，餐饮企业认为应根据省文件执行。拥有产权的出租方认为应根据教育部和发改委的文件，不能减免。

从法律效力上讲，国家发改委的文件应当在全国适用，高于省、市一级。但是，其一，从规范性文件的层次来讲，山东省政府出台的文件是准规章性质的文件，高于教育部行政规范性文件；即便教育部文件是规章性质的规范性文件，但根据《立法法》，地方政府规章和部门规章冲突时的解决原则是由国务院裁决，除非地方的规章错误，否则一般先适用地方的规章。而且，地方政府规范性文件发布的时间本来就早于教育部发布的规范性文件，企业产生了基本的信赖。其二，行业管理和地域管理发生冲突时，随之产生了特别法与一般法的冲突，如何消解二者之间的冲突，实质性化解该类争议？我们认为，企业有权选择适用对自己最有利的规章或行政规范性文件，在行业管理和地域管理发生冲突时，政府如果选择适用对公益有利的规章或行政规范性文件，则负有举证证明企业依据的规章或规范性文件错误的责任，否则，基于行政相对人对政府规范性文件产生的基本信赖，其信赖利益应当得到保护，行政机关据此请求法院选择适用对公益有利的规章时，除非人民法院经过审查认为符合公共利益，否则，人民法院对行政机关的诉求不应支持。

从上述案例来看，经济运行指挥部的文件，应该是准规章性质的行政规范性文件，之所以加"准"，一是因为不符合《规章制定程序条例》，所以不是规章；二是它不是一般的行政规范性文件，因为从制定主体看，该文件是省委常委会研究（还符合党政联合发文性质），党政主要领导参与制定的，规章也是省政府常务会议或者扩大会议通过的，从制定主体和内容讲，又类似于规章。山东省人民政府办公厅《关于抓好保居民就业、保基本民生、保市场主体工作的十条措施的通知》在"文件效力等级"上属于地方规范性文件（代章是省发改委）。经济运行指挥部只是发改委牵头成立的临时机构，从内容上看，上面两个文件均为规范性文件。对于国务院和国务院各部门制定的非立法性规范性文件和地方政府制定的规范性文件发生冲突时应该如何选择适用，目前没有明确的法律予以规定。理论上，规范性文件的制定应以上位法为依据，与上位法相冲突的条款不具有合法性。国家发改委和地方发改委在业务上属上下级指导关系，按照上位法优于下位法、新法优于旧法的原则，国家发改委的文件在同一事项上的效力等级应高于地方发改委的规范性文件。

对同一主体制定的规范性文件不能得出效力相同的结论，按照《立法法》的规定，同一机关制定的特别规定优于一般规定，新的规定优于旧的规定。以国务院的行政法规为例，按照上述适用规则，国务院制定的规范性文件效力如果等同于行政法规，则可能在实践中应用，该应用的结果是地方性法规不能违背国务院制定的规范性文件，这一点与现行立法规定的地方性法规不能与行政法规相抵触是冲突的。

除规范性文件的备案外，行政权力的运行过程中，涉及群众自治事项需要行政监管时，需要向有关主管部门进行备案，涉及众多基层自治事项时，行政机关的审批行为也涉及特定业主的权利，实践中，主要是基层镇、街指导小区业主成立业主大会和业主委员会，在备案中，镇、街主体往往就成立业主大会和业主委员会的相关流程出台相应规范性文件，特别是镇、街作为开发主体负责前期物业的背景下，小区业主大会何时成立，如何选聘物业、业主委员会与前期物业管理之间的衔接等问题，就成了基层社区群众较为关心的问题。实践中也存在因小区运行中产生的问题，如小区业委会对备案行为提起诉讼[1]，镇、街监管不到位或者依据的决定不符合上位法的规定而败诉的情况。

人民法院在适用规范性文件进行裁判的时候，也会面临一个紧张问题，即有些案件需要考虑当地经济发展水平和社会实践，规范性文件的施行直接关系当地不特定多数人能否具有的资格，如在判决中依据地方规范性文件作出裁判，可能就不再审查该规范性文件是否限缩了公民的权利或者增加了公民义务。如在户口分户登记能否单独安置的问题上，最高人民法院认为，户口分户登记能否单独安置原则上以当地政府的规范性文件为准。户口分户登记仅仅是户籍管理层面的措施，不涉及补偿安置问题。现行法律规定仅仅落实到保障已出嫁妇女获得补偿安置权益的程度，并没有规定能否单独安置，不能以未单独安置为由认为行政机关侵犯了被征收人的权益。从各地自行探索的情况看，虽然部分地区规定同居一处分户登记的可以分别安置，但设定了非常严格的条件，比如"三代同居一处且第三代子女已经成年""四代同居一处"等，故能否单独安置原则上要以当地政府的规范性文件为准[2]。

---

[1] 程琥：《非行政许可审批司法审查问题研究》，载《行政法学研究》2016年第1期，第20页。

[2] 最高人民法院［2019］最高法行申12499号行政裁定书。

五、对党政联合发文的认识

党政联合发文是不是规范性文件？党政联合发文是否应该被纳入规范性文件一并审查范围不能一概而论。党政联合发文是国家治理中存在的普遍现象[1]，从政治上分析，党政联合发文主要体现了党对国家政治、经济和社会生活的集中统一领导，这种领导体现在凝聚社会共识、指明社会方向和团结一致向前看上。在政党政治的统领下，政党的执政意志要么通过党派团体进行发声，使社会公众知晓，要么与掌握政权的正式组织进行联合发声。在我国架构下，中国共产党是领导党，是执政党，政府的意志也是党的意志的体现，党的意志凝聚了人民意志，从这个角度而言，党政联合发文体现了党的意志、政府的意志和人民意志的统一[2]。

（一）党政联合发文不属于政府信息公开范围

例如申请人向被申请人福建省自然资源厅申请公开"三定"方案，即《关于印发〈福建省自然资源厅职能配置、内设机构和人员编制规定〉的通知》（闽委办发 [2019] 28 号），上述文件由党政联合办文，从公文号看亦是中共福建省委办公厅主办制作，因中共福建省委办公厅系中国共产党的组织机构，并不属于行政机关，故上述信息不属于行政机关在履行行政管理职能过程中制作、获取的信息[3]。被申请人福建省自然资源厅对申请人作出《政府信息公开告知书》，告知其所申请公开的信息不属于政府信息，并无不当。

---

〔1〕 以《中央党内法规和规范性文件汇编（1949 年 10 月—2016 年 12 月）》为例，其收录的中共中央办公厅与国务院办公厅联合制发的中央党内法规数量为 26 件、规范性文件数量为 73 件（以党内法规与规范性文件相区分的形式规范要件为判断标准），占总收录中央党内法规和规范性文件数量的 38%。参见秦前红、张晓瑜：《论党政联合发文的制度属性》，载《中共中央党校（国家行政学院）学报》2021 年第 4 期，第 120 页。

〔2〕 最高人民法院《关于进一步推进行政争议多元化解工作的意见》（法发 [2021] 36 号）"注重源头预防"提出，通过府院联席会商、提供咨询意见、加强规范性文件的一并审查等方式，助推提升行政法规、规章和其他规范性文件的系统性、整体性、协同性，从制度源头上预防和减少行政争议发生。

〔3〕 汤某伟诉福建省自然资源厅政府信息公开及中华人民共和国自然资源部行政复议案，福建省高级人民法院 [2020] 闽行申 738 号行政裁定书。

（二）党政联合发文应否纳入审查范围存在分歧

从《行政诉讼法》的立法目的来看，人民法院监督的是行政机关的行政行为，公民、法人和其他组织要求审查的是行政行为的合法性。对党政联合发文中有关依据党政联合的规范性文件是否能作出审查呢？我们在理论和实务中的认识还不一致，实务中的做法也存在较大区别。例如宜宾市中级人民法院在卢某诉屏山县人民政府案中认为[1]，原告卢某要求对中共屏山县委、屏山县政府签发屏委发［2017］5号文件《关于印发〈屏山县国有林场改革实施方案〉的通知》第9页第2、3行的内容进行审查，宜宾市中级人民法院直接以该文件系县委名义发布，不属于《行政诉讼法》第53条规定的规范性文件为由，驳回原告诉求。而在张某珠诉景宁畲族自治县鹤溪街道办事处案中[2]，一审原告要求对《景宁畲族自治县农民异地搬迁工程实施办法》进行审查，一、二审法院和再审法院均认为，该办法是县委办以"文件名义"发出，不属于《行政诉讼法》第53条所述的规范性文件。根据形式来判断是否符合第53条规定的规范性文件，带来的直接后果就是，大量以党政联合发文甚至是党委单独发文但涉及具体行政管理事项的规范性文件逃逸了人民法院的合法性审查。尽管从事实上而言，大量党政联合发文的文件更多涉及的并非直接的行政管理事项。任何一部法律都不可能只有一个法律规范，任何法律规范都不是孤立存在的，总是与其他法律规范一同存在，这些法律规范之间也并非随便杂乱地堆积在一起，它们相互连接，形成一个结构整体，我们可以把这个结构整体称为统一的法律体系[3]。该体系间的法律规范在调整不同的关系中发挥着不同作用。实践中，人民法院根据实质性判断原则来确定党委发文或者党政联合发文文件是否属于人民法院审查的范围。在袁某北、袁某云与于都县人民政府不履行信息公开法定职责案中[4]，一审法院认为，原告要求被告公开的《于都县农村危旧土坯房改造工作实施方案（试行）》，从

---

〔1〕 参见四川省宜宾市中级人民法院［2017］川15行初68号行政判决书。

〔2〕 参见浙江省高级人民法院［2019］浙行申423号行政裁定书。

〔3〕 舒国滢：《法哲学沉思录》（增订注释版），广西师范大学出版社2021年版，第248页。

〔4〕 袁某北、袁某云与于都县人民政府不履行信息公开法定职责案，江西省赣州市中级人民法院［2015］赣中行初字第79号行政判决书。

形式上来看，该文件的文号属于党委发文文号，但该文件属于于都县委员会办公室和于都县人民政府办公室联合发文，文件的内容属于政府职责范畴，应纳入政府信息范畴，一审法院据此认为，被告应当公开该政府信息。

在新时代，围绕食品安全、环境保护、脱贫攻坚、安全生产等领域，党政联合制定规范性文件的范围越来越宽泛、频次越来越高。根据《行政诉讼法》的相关规定，行政机关在诉讼时，应当向人民法院提供作出行政行为的证据和其依据的规范性文件。按照该条规定，行政机关在涉及规范性文件一并审查时，应当审查该规范性文件，这导致行政机关的举证范围扩大，即便是党政性质的规范性文件也应当向人民法院提供。同时，在涉及被告的选择时，如果原告单独起诉党组织，根据当前的规定，人民法院一般以被告不是行政机关为由驳回起诉或者不予受理。我们认为，如果党政联合办公，只要该行政机关的牌子存在，就可以该机构为被告提起诉讼。如果该规范性文件确实减损了公民的权益或者增加了公民义务，那么让该规范性文件逃逸审查，是不符合当前法治政府建设的实际需要的。前文讨论的是党政联合发文，但党、人大、军事机关制定的文件则不属于党政联合发文的范畴。前述机关联合发文不是行政机关所制定公布的行政性规范性文件，故不属于行政诉讼附带审查的规范性文件范围。

在张某英、景宁畲族自治县鹤溪街道办事处二审行政判决书中[1]，对于何谓行政规范性文件，福建省高级人民法院判例认为，征地补偿安置方案不是规范性文件，仅适用于征地范围内的土地及其农民，适用对象特定，且仅适用于本次征收，不能反复适用。判决认为，公告本身只是公告内容的载体，没有提供该公告何时何地进行张贴的证据，仅凭公告不能证明该份公告已经进行了公告和达到了公告目的。《深化党和国家机构改革方案》颁布后，党政深度联合，党政联合发文的数量呈增长趋势。这是强化执政能力的要求，近年来，党政联合发文的数量在逐步增加，未来审查

---

[1]　张某英、景宁畲族自治县鹤溪街道办事处二审行政判决书［2019］闽行再 22 号。一、二审法院作出了完全相反的判决结果。

的重点不能仅仅看该规范性文件的表象，即便是党政联合发文，如果其条款内容涉及公民权利的减损和义务的增加，仍应当被作为司法审查的对象。不仅如此，人民法院应当对党政联合发文作出相应的新的规定和规则，不能一概将党政联合发文的审查拒之门外。

除党政联合发文之外，实践中，涉及国家秘密的案件是否应当接受司法审查呢？如接受审查，在实践中如何处理保守国家秘密和司法审查权运行之间的关系？司法实践更多关注国家秘密，实践中相关案例似乎已经指明了方向。在李某林诉司法部信息公开一案中[1]，人民法院以不抵触为由，认为规范性文件没有减损公民、法人和其他组织的权益。审查结果认为，《国家司法考试保密工作规定》与上位法规定不抵触，《2019 年国家统一法律职业资格考试公告》不存在与上位法相抵触的情形。在人民法院不得拒绝裁判的理念和规定下，如在审查中实在没有发现规范性文件明显违法的情形，人民法院多以"不抵触"为由驳回当事人的请求，此类案件也多见于在特定行业领域内，上位法没有规定，故行政机关进行创制性的规定，而人民法院本着"不得僭越权力"的原则，以不抵触为由，不进入实质性审查，多以行政机关作出的行政决定符合《政府信息公开条例》为由不支持原告的诉讼请求[2]。

（三）一并审查的具体展开

根据《行政诉讼法》的规定，原告认为行政机关的行政行为侵犯其合法权益就可以提起诉讼，要求一并审查行政行为所依据的规范性文件仅为原告的具体诉讼请求事项，否则，一并请求对行政行为所依据的规范性文件进行审查也不成立。依据《行政诉讼法司法解释》第 146 条，相对人对规范性文件提起审查的时间应当在一审开庭前，最迟不得迟于法庭调查终

---

[1] 参见 [2020] 京 03 行初 23 号、[2020] 京行终 3396 号。

[2] 刘万金、任权：《法考真题及答案应不予公开》，载《人民司法》2022 年第 32 期，第 7页。关于 2019 年法律职业资格考试真题及答案不予公开的具体原因，判决中只是以"在于法律职业资格考试计算机化考试的新变化及为提高考试题库数量等实际需要"一笔带过，并未予以详细说明。该文认为，在"多出活题、不设标准答案"的法考改革背景下，"开放性试题"数量增多。对于同一问题，不同的人可能会有不同的答案，尤其针对客观题中的多选题和主观题，答案将更加具有开放性，很难制定统一的标准答案。为避免引发不必要的争议，保障司法考试真正目的的落实，不便再公布真题及答案。

结前。行政机关的执法文书特别是行政决定，并非将事实和依据在文书中罗列得较为清晰，在有些行政决定文书中，行政机关往往没有具体列明其依据的规范性文件。行政机关未在文书中明确告知其执法依据的，行政相对人如未在提起诉讼请求时提出对规范性文件的一并审查，应当允许其在开庭审理或者法庭调查时提出。司法实践中，关于提出一并审查的时间，人民法院根据法律和司法解释的相关精神，有是否准予原告提出一并审查的裁量权。例如全国首例规范性文件审查案件（安徽华源医药公司诉国家工商总局商标局商标行政纠纷案），对规范性文件提出的时间在一审法庭调查中，在该案中，原告并非在立案时就提出对该规范性文件一并审查的诉讼请求，而是在第二次开庭时当庭提出的。按照《行政诉讼法》第53条的规定，原告应当在起诉被诉行政行为时"一并"提出，即在提出本诉时就应一并提出附带审查的诉请，但最高人民法院《关于适用〈中华人民共和国行政诉讼法〉若干问题的解释》（已失效）又规定在特殊情形下"有正当理由"也可以在法庭调查中提请。何谓"正当理由"，根据我们理解，原告提出一并审查申请时至少要接触到该规范文件，并且，该规范性文件的确是行政机关作出行政行为的依据。实践中，行政机关在答辩时的理由和开庭时的理由并不总是一致，行政诉讼证据规则也没有严格在行政审判中得到适用，如关于举证的期限，被告往往将在答辩时没有提出的证据，在第一审开庭时提出，除非行政机关故意不出示或者存在重大过失，否则并不产生证据失权的效果。原告在起诉时尚不清楚至开庭时才清楚，应认为符合"正当理由"的情形。司法实践中人民法院往往将"起诉时提出"限缩为"在起诉状中提出"，法院要求原告在起诉状的诉讼请求部分列明一并审查请求，如果未予列明，即便在事实与理由部分对规范性文件提出异议，或在诉讼中以其他方式提出一并审查请求，也不予认可〔1〕。在崔某元诉青岛市物价局、青岛市人民政府不履行法定职责及行政复议二审案中〔2〕，一审法院对原告当庭提出的审查请求以超过期限为由，不予

---

〔1〕　参见吕某与淮南市房产管理局、安徽省住房和城乡建设厅、淮南市城市建设投资有限责任公司房屋行政裁决纠纷案，安徽省淮南市中级人民法院［2015］淮行终字第00031号行政判决书。

〔2〕　参见山东省青岛市中级人民法院［2017］鲁02行终624号二审行政判决书。

审查。二审中，二审法院认为，上诉人在原审开庭审理前没有提出一并审查该文件的请求，其当庭提出申请无正当理由且超过申请期限，认定原审法院当庭告知原告对其一并审查的申请不予准许并无不当。在有些案件中，尽管被告明确表示，其被诉行政行为是依据某规范性文件作出的，并且提交了据以作出行政行为的规范性文件，原告以在开庭审理前未及时阅读被告提交的法律依据为由，在庭审中提出对上述规范性文件进行附带审查的请求，法院仍认为原告提出的理由不属于正当理由，不予支持[1]。当然，关于"正当理由"的法律内涵，还需要由最高人民法院制定司法解释以填补这一立法空缺，法院有一并审查的职责。《行政诉讼法司法解释》第 147 条第 1 款规定："人民法院在对规范性文件审查过程中，发现规范性文件可能不合法的，应当听取规范性文件制定机关的意见。"此处规定的是"应当听取"。司法解释仍然关照到了行政机关的首次判断权，让行政机关作出事前判断。法院对规范性文件审查，奉行合法性审查原则，司法也不是万能的，司法权虽有最终裁断性，但并不像行政权那样具有广泛性，社会矛盾纷繁复杂，司法只能选择有限的纠纷进行调处，过多地涉入社会生活领域，也是司法不能承受之重，这也是我们在行政复议和行政诉讼领域规定受案范围的重要原因。当前从主体、内容和程序上的审查是现行宪制体制下充分利用制度空间并积极探索，有欣喜也有无奈，有希望也有失望的现实选择。但作为法律和法学工作者，还是要探索制度优化的方法，正如苏力教授所言，如果什么都是先干了再说，出了大问题再回头反省，那么要我们这些研究者又有何用处呢?[2]

---

[1] 参见原告孟某某与北京市通州区宋庄镇人民政府信息公开案，北京市通州区人民法院[2014] 通行初字第 81 号行政裁定书。

[2] 苏力:《判决书的背后》，载《法学研究》2001 年第 3 期，第 18 页。

第五章

行政规范性文件的审查标准

在《行政诉讼法》修改过程中，许多学者建议直接赋予规范性文件可诉性，人民法院可以对规范性文件直接审查[1]。立法机关无意创设一种单独的规范性文件审查之诉。当前的一并审查仍只是依附于审查行政行为是否合法这一主诉之中，如果非要给附带审查之诉赋予某一诉讼类型的话，其只能成为附带诉讼，借鉴法理学中的主行为和从行为之分，附带诉讼依附于合法性之诉，没有合法性的审查，也谈不上附带审查。从这一点而言，附带之诉根本不是现行行政诉讼法规定的独立诉讼类型。在规范性文件审查之诉中，学界并没有刻意区分附带审查和一并审查，我们在讨论《行政诉讼法》第53条时，也是将规范性文件的一并审查与附带审查无区别使用。姜明安教授指出，现行《行政诉讼法》规定的对行政规范性文件的起诉和审查制度均只是一种"附带诉"和"附带审"制度，即行政相对人只能在对行政行为起诉时附带起诉作为相应行政行为依据的行政规范性文件的合法性。从表面看，似乎行政受案范围有了扩大，但实质上这并没有对修改前的《行政诉讼法》规定的受案范围有任何实质意义上的扩大。其原因就在于，即便没有该规定，如果规章作为行政行为的依据存在违反上位法的情形，原告也可以提出请求，请求法院"不予参照"；另外，只有通过附带审查，才能确定相应规范或规范性文件是否合法有效，从而决定是否在裁判文书中加以引用。现行规定并没有在原有基础上作实质意义上的扩大[2]。

---

〔1〕 江必新主编：《中国行政诉讼制度的完善：行政诉讼法修改问题实务研究》，法律出版社 2005 年版，第 43~45 页。

〔2〕 姜明安：《行政诉讼法》（第 4 版），法律出版社 2021 年版，第 371 页。

规范性文件之诉并非一级案由，这一点可以从最高人民法院《关于行政案件案由的暂行规定》看出。一并审查规范性文件作为几种特殊行政案件案由之一，此类案件案由表述为"××（行政行为）及规范性文件审查"，如起诉行政机关作出的强制拆除房屋行为，同时对相关的规范性文件不服一并提起行政诉讼的案件，案由表述为"强制拆除房屋及规范性文件审查"[1]。

一、行政规范性文件一并审查的标准

人民法院对规范性文件的审查主要是合法性审查。审查内容主要依照最高人民法院《行政诉讼法司法解释》第 148 条的规定，从是否超越职权或依法授权、是否违反上位法的规定、是否没有依据地增加行政相对人义务或者减损合法权益、是否违反制定程序四个方面进行审查。理论界有学者将之称为"主体、职权、内容、程序"四个要素并不是太准确，毕竟主体和职权不能割裂看待，严重违反制定程序如未履行法定批准程序和公开发布程序等，也不能被简单地归结为程序问题。

在审查标准上，一般而言，法院从"主体、职权、内容、程序"四个方面来把握。可以称其为审查的四个要素。在陶某华与青岛市社会保险事业局退休待遇审核案中[2]，一审法院结合原告的诉讼请求，从规范性文件的制定权限、规范性文件内容的合法性、规范性文件的制定程序、规范性文件制定的合理性四个方面进行论证，认为原劳动和社会保障部《关于制止和纠正违反国家规定办理企业职工提前退休有关问题的通知》（劳社部发〔1999〕8 号）和山东省人民政府办公厅《关于进一步做好国有企业下岗职工基本生活保障和企业离退休人员养老金发放工作有关问题的通知》（鲁政办发〔1999〕32 号）两个规范性文件的制定主体适格；从内容上讲，两规范性文件没有违反《立法法》有关法律保留事项的规定，与上位法不抵触，且属于执行事项而作出的具体应用解释，属于特殊性规定，应当优先适用。法院认为，出生时间是一个客观事实，需要通过相关事实

---

〔1〕 全蕾：《行政案件案由制度解析与适用》，人民法院出版社 2022 年版，第 260 页。
〔2〕 参见青岛市市南区人民法院〔2015〕南行初字第 66 号。

进行证明，通过档案材料证明没有给原告增设义务或减损权益；从制定程序上讲，两规范性文件出台时，《规章制定程序条例》尚未出台，此处产生的一个问题是，在原告提出对规范性文件的审查后，被告应当对为何适用规范性文件来作出回应，包括该规范性文件作为行为依据的原因、适用条件，案件事实和本规范依据之间的契合性，以及规范性文件的效力。人民法院对被告的答辩意见进行审查，审查被告的答辩是否成立，以及规范性文件是否合法，是否符合"主体、职权、内容、程序"四个要件的内容。如果行政机关未有相关答辩内容，人民法院是否可以替代行政机关就规范性文件的合法性向原告进行释明？该释明显然是职权性行为，带有为行政行为证明合法性的嫌隙，该案中，人民法院不只是论证了两个规范性文件的合法性，同时对合理性也一并作出了论证。该论证回应了原告的诉请，但同时也产生一个疑问，人民法院如果有选择性地进行回应和判断应当如何，对规范性文件一并审查的案件，人民法院回应的边界应当如何？特别值得一提的是，该案在依照《行政诉讼法》第 69 条作出裁判时，将两个规范性文件合法作为一个判项，将驳回诉讼请求作为另一个判项作出了判决结果。从判决结果看，规范性文件的审查成了一个独立的判项，人民法院可直接在判决中判定规范性文件合法，那么，如果规范性文件不合法，是不是也可以在判决书中直接写明某规范性文件不合法呢？

　　例如在中盐长江盐化有限公司诉被告益阳市资阳区市场监督管理局、益阳市资阳区人民政府没收违法所得、罚款及行政复议一案中[1]，原告要求对湖南省市场监督管理局《关于进一步规范未加碘食盐供应和管理的通知》进行附带性审查，其系由湖南省市场监督管理局制定的地方规范性文件，法院认为，该文件是湖南省市场监督管理局为加强辖区范围内食盐专营管理和规范未加碘盐的供应，根据上级相关文件精神，制定的在辖区范围普遍适用的规范性文件，原告请求审查的第 2 条第 1 项、第 4 条第 1 项、第 4 条第 2 项的规定与上位法不相冲突。还有些案例中法院仅以"规范性文件合法有效"一语带过，例如韩某明与彭阳县国土资源局等征收上

---

〔1〕　参见湖南省沅江市人民法院［2020］湘 0981 行初 202 号行政判决书。

诉案中〔1〕，二审法院判断合法性的标准并非依据上位法，而是"被上诉人根据本辖区实际情况在调查研究的基础上，通过会议研究讨论制定……符合当地实际，且制定后向社会公开，上述规定合法有效"。实践中，根据行政管理的实际情况，地方政府在涉及经济社会发展领域，可以根据当地实际制定相应规范性文件，以促进发展和改善民生，人民法院在作出判断时，既要兼顾现有政策和上级文件精神，同时还要兼顾公益与私益的平衡，公共利益的实现不能以牺牲个人利益为前提，征收征用的前提是为了实现更大的利益，否则行政行为就会违背基本的比例原则。此时，人民法院审查的看似规范性文件，实则是在公益与私益、集体与个人、普遍性与特殊性上寻求一种平衡。人民法院对合理性和合法性的界分，如明确超出了行政处罚规定的范围，则属于违法性的范畴，在法定幅度内，即只有裁量，才涉及合理性的范畴。在贯彻和落实上位法上，既有提升处罚标准的，也有降低处罚标准的，以降低处罚幅度为例〔2〕，2018 年，某市人大常委会法制工作委员会对某市政府规章《某市危险化学品安全管理规定》进行了审查。审查发现，该规定第 35 条关于危险化学品经营、使用单位未按照要求建立台账，"责令限期改正；逾期未改正的，处 1 万元以上 3 万元以下罚款"的规定，与国务院《危险化学品安全管理条例》第 81 条"责令改正，可以处 1 万元以下的罚款；拒不改正的，处 1 万元以上 5 万元以下的罚款"的规定不一致，减轻了相应的法律责任。市人大常委会办公厅向市政府办公厅发出审查意见，要求对审查意见予以研究处理。市政府办公厅回函称将按照审查意见对相关条款进行修改。市政府于 2019 年 11 月 14 日公布《关于修改和废止部分市政府规章的决定》，将该条款修改为依据《危险化学品安全管理条例》予以处罚。前述案例是从金额上直接降低，也有从责任追究上降低行政处分程度的，如某市人大常委会法制工作委员会在 2017 年度规范性文件主动审查中发现，某市政府规章《某市医疗救助办法》第 41 条规定，从事医疗救助的人员应当按照规定受理救助

---

〔1〕 宁夏回族自治区固原市中级人民法院 [2015] 固行终字第 41 号行政判决书。

〔2〕 参见全国人大常委会法制工作委员会法规备案审查室编著：《规范性文件备案审查案例选编》，中国民主法制出版社 2020 年版，第 286 页。

申请，对不符合条件的签署同意或者符合条件的签署不同意，都属于玩忽职守和徇私舞弊，如果挪用、扣压和拖欠救助金的，给予批评教育，情节严重的依法追究责任。国务院颁布的《社会救助暂行办法》对上述违法行为规定的法律责任是"责令改正；对直接负责的主管人员和其他直接责任人员依法给予处分"。《某市医疗救助办法》第41条对从事医疗救助工作的人员规定的法律责任降低了上位法的标准。某市人大常委会法制工作委员会向市政府法制办发函，要求纠正相关问题条款。市政府于2018年公布经修订的《某市医疗救助办法》，对相关条款进行了修改。

（一）合法性标准

规范性文件一并审查制度作为行政诉讼制度中的具体制度，其基本运转仍保持在监督行政机关依法行使职权这个价值导向上，合法性审查仍是行政诉讼中人民法院对行政行为进行审查的起始点和落脚点。从纠正规范性文件违法的力度上来讲，备案审查为人民法院合法性审查提供了一些路径。例如，某省人民政府办公厅《关于印发城市居民最低生活保障工作规程的通知》的审查建议。审查建议认为，该通知第15条第14款、第15款"除政策性规定在当地落户之外的其他在当地落户不满5年"和"计划外生育"的居民不予享受最低生活保障待遇的规定，使部分困难群众不能依法得到平等的生活保障，不符合有关法律精神，建议对该规范性文件予以修改。省人大常委会法制工作委员会审查研究认为，该通知的上述规定与国务院《社会救助暂行办法》不一致，损害了部分困难群众的合法权利，制定机关后来废止了该规定。在吴某能与重庆市荣昌区人力资源和社会保障局等不服信访事项回复纠纷案中[1]，原告认为，《重庆市工伤职工劳动能力鉴定管理办法》第20条第1款第6项要求进行劳动能力复查鉴定，被告要求原告提供劳动关系证明材料，根据《工伤职工劳动能力鉴定管理办法》第8条第4项的规定，进行劳动能力鉴定的复查和再次鉴定不需要提供劳动关系的证明材料，本条款中规定的"劳动能力鉴定委员会规定的其他材料"不应理解为劳动关系的证明材料，而是与鉴定相关的辅助性、次

---

〔1〕　重庆市荣昌区人民法院［2016］渝0153行初70号一审行政判决书。

要性等材料,《重庆市工伤职工劳动能力鉴定管理办法》要求原告提供劳动关系证明,突破了上位法的规定,变相增加了原告的义务,因此该规定不合法。一审法院直接作出了撤销被告行政行为的判决,并在判决中以增加行政相对人义务为由,作出规范性文件的规定不合法的判断。

在合法性标准的判断上,有学者将之总结为不违反、不抵触和无明显违法标准。在案件审理中,如果仅仅以该规范性文件并没有违反上位法的规定为由一句话带过,难以对原告提出一并审查的请求作出合理回应,在佟某诉北京市房山区住房和城乡建设委员会拆迁补偿纠纷一案中[1],人民法院认为,相关规定与现行法律、法规和规章不抵触。还有的判决书用了更为原则性的表述,即该规范性文件的相关内容并未与上位法的相关规定相抵触。类似判决可能存在以下几个问题:一是没有对规范性文件本身作出认真审查。按照现行规定,司法对行政的监督体现为对行政行为第一次适用法律的监督,也就是现代民主法治运行的基础,体现民主和利益的法律体现了民意,在宪法框架下,法律要得到很好的执行才能真正实现法所体现的意志。行政权的本质在于追求公共利益,而不在于牟取经济利益或私利[2],不只是立法机关立法了事,关键还需要行政机关认真执行法律,司法机关对行政机关的执行纠偏。《行政诉讼法》第53条的要旨是发动民众进行纠偏,"行政诉讼是个人为使政府当局矫正某种状况而采取的向法院起诉的手段"[3]行政诉讼只不过是利用诉权与利害关系来修复已经受到损害的法律关系。我们应当将对规范性文件一并审查的理解放置于整个合宪性视域之下,应当从规范的功能主义出发,从立法目的和制度功能两个层面对规范的存在性进行合理解读。人民法院在对规范性文件进行审查时,首先应当从《行政诉讼法》的立法目的来进行审视,本着及时、公正的原则,实质性解决行政争议。在对规范性文件进行判断时,应当考虑以下常规性要素:案件是不是在本地具有影响力,案件是个案还是类案,案件在适用法律上是否存在多种理解和判断,案件作出判决后的法律

---

〔1〕 参见北京市房山区人民法院〔2016〕京0111行初216号行政判决书。

〔2〕 翁岳生编:《行政法》(上册),中国法制出版社2009年版,第363~364页。

〔3〕 江必新、梁凤云:《行政诉讼法理论与实务》(第3版)(上),法律出版社2016年版,第4页。

效果和社会效果等。在对上述常规性要素作出判断后，对特殊性要素也要综合衡量，如规范性文件的出台背景、出台目的，拟达到的效果，该规范性文件是否适合适宜，规范性文件作出后的政策评估和实际效果等。

与不抵触相对应，实践中也常存在不违法的主观性判断，较为概括和抽象，从结论中无法明确得出法官的思考进路。在陈某红与杭州市国土资源局萧山分局行政裁决案中[1]，人民法院仅以规范性文件没有违反法律、法规和规章的规定，就得出了提出合法性审查的请求不能成立的结论。基于对规范性文件的不同理解，人民法院在对个案作出裁决时，对上位法没有规定、规范性文件创设相应规范的，并不会否决其合法性和合理性。

（二）合理性标准

就合理性审查而言，在德国，法院合理性审查首先是合目的性审查[2]，这一审查方式类似于法国行政法中的"行政道德审查"，但二者又有很大的不同，在德国的合目的性监督审查中，不仅要考虑行政行为对相对人的影响，更要关注紧急状态和公共利益的衡量是否影响了行政机关的判断[3]。法国行政法院只能审查行政决定的合法性，不能审查行政决定的妥当性，这是行政法院一向遵循的原则，否则行政法官将代替行政官员，妨碍行政行为的效率。但不可否认的是，行政事实和性质的认定也离不开行政法官的主观性评价，比如对公用征收的决定，法律规定征收只能在符合公共利益必要的范围内实施。但公共利益的必要性及其范围往往取决于当下情况和裁判者根据法庭掌握的事实作出的评判。该评判虽有合理性评价的因素和成分，但其妥当性或者说合理性仍是建构在合法性审查基础之上。我国《行政诉讼法》第6条明确规定了行政诉讼的合法性审查原则，这一点与域外的行政诉讼有相同之处。我们的审查更多地关注规范性文件的制定是否有上位法的依据，是否对相对人的权益作出了限缩性或者扩大性的解释。在无上位法作为依据时，依照组织法或者行政效能原则，行政机关如

---

[1] 参见浙江省杭州市萧山区人民法院［2015］杭萧行初字第182号行政判决书。

[2] ［德］汉斯·J. 沃尔夫、奥托·巴霍夫、罗尔夫·施托贝尔：《行政法》（第3卷），高家伟译，商务印书馆2007年版，第737页。

[3] ［英］L. 赖维乐·布朗、约翰·S. 贝尔：《法国行政法》（第5版），高秦伟、王锴译，中国人民大学出版社2006年版，第235~237页。

不作出相应行政行为是否会对公共利益产生影响等。

在肖某诉广州市交通委员会小客车指标案中〔1〕，该被告颁布的规范性文件第 12 条无助于行政机关实现其行政目的，违反了行政比例原则。该案为日后人民法院在对规范性文件作出裁决时提供了新的理由，即在穷尽《行政诉讼法司法解释》第 148 条规则的时候果断适用原则来作出判决。《行政诉讼法司法解释》第 148 条明确了规范性文件合法性的认定标准，但却并没有规定规范性文件的合理性标准，目前《行政诉讼法司法解释》并未规定规范性文件"明显不当"的合理性标准，这使得人民法院在司法实践中恐怕很难像广州铁路运输中级法院那样通过行政法原则来裁判具体案件。何海波教授认为，当前对规范性文件缺乏明显不当审查（合理性审查）的重要原因在于，《行政诉讼法司法解释》规定，对规范性文件的审查应当以法律、法规、规章为准，没有涉及规范性文件明显不当的问题，这导致在实践中，法官完全不敢碰触规范性文件的合理性问题〔2〕。比如，对经营场所的规定，要求面积不得小于文件规定的面积，一旦行政相对人的经营场所面积不达标，行政机关就不予颁发相应许可证件。此类规范性文件内容明显不当，但实践中无论在备案审查环节，还是人民法院合法性审查环节，合理性均没有合理性得到认真审查。

我们认为，该认定标准存在以下几个问题：首先，司法解释列举的审查依据欠缺合宪性思维，对具有最高法律效力的宪法的精神和原则理解和执行还不到位，尽管宪法在司法实践中不得被具体援引，但以宪法为标准去判断规范性文件的合宪性（合法性），实际上是为了宪法的实施和宪法权威的维护。宪法条款的不可援引并不意味着我们不可以根据宪法规范和宪法的原则精神对相关规范性文件是否合宪作出基本的价值判断，这些判断并不违反宪法实施的规则和制度。其次，法律原则没有被司法解释所列举的审查依据充分考虑。在实践中，规范性文件审查急需解决的问题是，要贯彻法律保留和法律优先原则。但行政机关拥有对社会经济领域的管理权限，该权限的履行不只是在保护既有的秩序和法律关系，行政权的能动性要求行政机

---

〔1〕 广州市铁路运输中级法院［2017］粤 71 行终 2203 号判决书。

〔2〕 何海波：《行政诉讼法》（第 3 版），法律出版社 2022 年版，第 568 页。

关还必须拥有创新社会生活领域的先行先试权力，该权力的行使本着善良必需的准则进行，从这一点上而言，公权力的行使也要遵循私法领域的善良、诚信以及增加社会公益等基本私法原则。如果只是机械地运用条文而不考虑产生的社会影响，往往会适得其反，导致法律实施效果大打折扣。

由此可见，对规范性文件合法性的审查应当坚持法律原则，在确保实质合法的同时，在审查标准上也要掌握适当的尺度。在具体个案中，人民法院考虑了个案裁判的合理性问题，依据规范性文件作出的相应行政行为，也应当包含这一标准。规范性文件一并审查机制的良好运作部分取决于法院的明确表态和令人信服的理由说明，但主要取决于行政机关对司法认定的尊重和落实。

（三）审慎标准

审慎标准仍以合法性为前提，在考虑合法性和合理性的基础上，结合案件事实通过规范实施，在不偏离立法本意的前提下，公正合理地作出判决。人民法院作为附带审查机关，一并审查的前提就是看行政决定的作出和依据之间是否有关联，该关联不限于形式上的关联，虽没有具体规范和条款，但行政决定的作出实质上就是规范性文件运作的结果，人民法院也可以根据实质性判断对规范性文件进行审查。与合理性标准类似的讨论，如何海波教授在《论法院对规范性文件的附带审查》一文中认为，法院对被诉行政行为所依据的行政规范性文件，应当予以主动、全面、审慎、适度的审查。审慎适度原则主张结合个案具体特点，综合运用利益衡量做好权衡，在对规范性文件的审查上，纳入审查管道的规范性文件本来不多，据最高人民法院统计，从 2016 年 1 月到 2018 年 10 月，全国一审行政案件共 65 万余件，其中规范性文件附带审查案件大约为 3880 件，约占全部案件的 0.6%，在司法机关真正进行合法性审查时，如前所述，人民法院对规范性文件的审查态度是消极的，或者对有明显瑕疵的规范性文件也予以认可[1]，法院对规范性文件的审查可谓是审慎有余，动力不足。存在该现象的原因有多种，需要我们完善规范性文件一并审查的相关激励制度。

---

[1]　何海波：《论法院对规范性文件的附带审查》，载《中国法学》2021 年第 3 期，第 140 页。

包容审慎原则是近来部门法学者常提到的一个概念[1]，意即对新事物要容错试错，给予充分的发展空间，行政在监管中不宜太死板，在决策中要考虑新事物成长过程中的规律，利用新思维和新手段来应对新业态。在数字经济等新业态领域，更新管理理念，创新管理手段和模式，提升管理服务能力和水平已经成为当前亟待解决的问题。包容审慎原则可以作为行政领域的管理手段，也可以作为司法审判领域裁判者面对新情况新问题时应当秉持的裁判原则。司法的能动性要求人民法院积极作为，为市场经济和商品交换提供稳定预期，促进商品和服务的交易和流通。

（四）实质性标准

行政救济领域的"两法"（《行政诉讼法》《行政复议法》）虽对规范性文件的一并审查进行了规定，但二者赋予审查主体的权限和逻辑存在不同。《行政诉讼法》第53条较为特殊，从诉讼上来讲，这是一条较能明确体现行政诉讼价值的条款，主观诉讼和客观诉讼的目的同时叠加在这一条款上。该条既赋予了相对人救济权，同时也赋予了人民法院司法审查权，既体现了私权的保护，也体现了公益的维护。该职权行使要遵循《宪法》和《立法法》对人民法院行使司法审查职权的规定，《行政复议法》第7条规定的审查，是行政复议机关的依申请审查，同时也可以启动依职权进行审查，而《行政诉讼法》第53条的审查意旨更强调原告要发出该项请求，否则违背现有的诉判一致性原理。

关于对规范性文件的监督，中央和国务院等相关文件均作出了重要规定，从宏观架构来看，加强法治政府建设，加强国家治理体系与治理能力现代化，客观上要求我们必须注重规范性文件建设，特别是规范性文件的质量和实施效果。从审判流程上来看[2]，实务部门审理规范性文件附带审查案件的一般流程为：第一步，审查起诉条件；第二步，规范性文件附带审查申请提出时间；第三步，申请附带审查的是否属于规范性文件；第

[1] 刘权：《数字经济视域下包容审慎监管的法治逻辑》，载《法学研究》2022年第4期，第37页。
[2] 宫凡舒：《关于行政案件中规范性文件附带审查方式的调研》，载《山东法官培训学院学报》2018年第2期，第170页。

四步，规范性文件是不是被诉行政行为作出的依据（当前多数法院以依据是否在文书中援引为形式判断标准）；第五步，审查规范性文件是否合法。依据的标准应该如何认定？直接依据是否必须理解为直接援引？在最高人民法院公布的经典案件成都金牌天使医药技术有限责任集团诉四川省城市科学技术局科技建设项目资金行政许可案中，法院认定"唯有直接构成被诉行为根据的法律规范性文件才可以构成法院的审查对象"。实质性标准具有预防性公益诉讼的性质，针对行政诉讼存在的治理已病向治理未病开始转化。在对规范性文件进行审查的过程中，规范性文件正确与否，在实施中是否合乎施政和管理的要求，保护还是侵害行政相对人的利益，实践中行政相对人有更大的判断权。行政规范性文件已经被纳入司法审查的视野，说明该行政规范性文件的运行出现了一定的问题，当然也不排除行政相对人对该行政规范性文件存在错误的理解。在被诉规范性文件被纳入司法审查视野之内时，人民法院通过对该规范性文件的审理，发现规范性文件在立法目的和文本表述中存在的问题，通过司法裁决的方式对该类行政行为作出相应评价，其本身就是对后续行政机关在行政执法决定中的肯定或否定的意思表示，该意思表示对预防后续执法违法行为产生积极的影响。当前，检察机关已经将预防性公益诉讼广泛应用于检察实践中。但就行政机关在尚未将行政意思表示外化之前，对行政机关的行政行为提起预防性诉讼，目前还没有受理的可能〔1〕。在政府信息公开领域，相关规定对未来提起预防性行政诉讼不是没有可能〔2〕，比如，依照2019年修改后的《政府信息公开条例》规定，依申请公开的政府信息如果公开损害第三方合法权益，行政机关不能直接公开，应当根据《政府信息公开条例》的规定，由行政机关书面征求第三方意见，第三方不同意公开且有合理理由应当不公开，但行政机关认为不公开可能对公共利益造成重大影响的，可以决定予以公开，并将公开信息内容和理由书面告知。根据该规定，如果

---

〔1〕　何海波：《行政诉讼法》（第3版），法律出版社2022年版，第168页。

〔2〕　参见最高人民法院〔2018〕最高法行申1127号行政裁定书。在"朱广义案"中，最高人民法院就提到："如果让公民或者有关社会团体在相关行政决策真正付诸实施之前能够有机会提起一个预防性的禁止诉讼，无疑将会减少盲目决策所造成的社会成本和财政成本。"在环境预防性公益诉讼上，最高人民法院和地方各级人民法院已经进行了诸多有益的探索，积累了较为丰富的经验，在规范性文件预防性诉讼上能否予以借鉴和试用，还需假以时日。

政府对信息的公开是不得不进行的，且公开后会对第三方造成不可弥补的损害，就应当允许第三方先发制人，提起预防性诉讼。但该诉讼的提起仍是以确定造成不可弥补的损害为前提的，即便损害尚未发生。该损害的发生只是时间上的早晚，即损害一定会发生，与传统诉讼中已经产生的损害明显不同。主流观点认为，"法律上利害关系"意指被诉行政行为对相对人的合法权益"已经或将产生实际影响"[1]。

司法实践中，也不乏优秀判例，对行政规范性文件是否合法从实体和程序上多个角度进行审查。在洋马发动机（山东）有限公司诉青岛市质量技术监督局行政处罚二审行政判决书（山东省青岛市中级人民法院［2016］鲁02行终804号）中[2]，法院认为，原审法院审查合法，详细说理，予以支持。原审法院对被告依据的涉案规范性文件《青岛市裁量基准》审查如下：人民法院认为，首先，《青岛市裁量基准》的制定主体和权限合法，青岛市质量技术监督局有权制定本区域内关于质量监督事项的行政处罚裁量权的规范性文件。其次，《青岛市裁量基准》争议内容的合法性：①《青岛市裁量基准》没有对法律保留事项进行规定，《青岛市裁量基准》没有违反《立法法》第9条的规定；②《青岛市裁量基准》与上位法并不相抵触。最后，《青岛市裁量基准》的制定程序合法。青岛市质量技术监督局对本案涉案规范性文件《青岛市裁量基准》予以制定修订后，于2015年8月27日向青岛市人民政府法制办申请登记，由被告主要负责人签署，经合法性审查同意后并依法公布，符合法律规定的程序。综上，涉案规范性文件《青岛市裁量基准》合法，且目前有效，可以作为被告作出涉案行政处罚行为的法律依据。

在陶某华与青岛市社会保险事业局退休待遇审核案中[3]，根据对退休时间的认定，人民法院对被告依据的涉案规范性文件进行了认真审查。一是涉案规范性文件的制定权限。涉案规范性文件均是为贯彻落实国务院办公厅《关于进一步做好国有企业下岗职工基本生活保障和企业离退休人

---

〔1〕 江必新：《中国行政诉讼制度之发展：行政诉讼司法解释解读》，金城出版社2001年版，第33页。

〔2〕 参见山东省青岛市中级人民法院［2016］鲁02行终804号判决书。

〔3〕 参见青岛市市南区人民法院［2015］南行初字第66号一审行政判决书。

员养老金发放工作有关问题的通知》（国办发〔1999〕32号）而制定的，该通知第4条第2项规定，加强企业职工退休审批工作的管理，坚决制止和纠正违反国家规定提前退休的行为。原劳动和社会保障部作为我国的劳动保障部门，是退休审批管理部门，有权对执行退休审批中的问题作出具体规定。山东省人民政府办公厅为贯彻落实国办发〔1999〕32号文有权制定在其辖区内实施的规范性文件。二是争议规范性文件内容的合法性：①涉案规范性文件没有对法律保留事项进行规定。涉案规范性文件没有违反《立法法》第9条规定的只能由法律制定的"有关犯罪和刑罚、对公民政治权利的剥夺和限制人身自由的强制措施和处罚、司法制度等事项"，也不在《立法法》第8条和第9条共同规定的应由法律或行政法规规定的事项范围内。②涉案规范性文件与上位法并不相抵触。在企业职工退休待遇审核领域，我国现行法律、行政法规认定退休年龄就必须确定出生年龄符合当前的立法目的和法律原则，且具有实践操作的必要性。所以原告关于涉案规范性文件不在《青岛市市级行政权力清单》职工退休核准依据中，不能作为退休审核依据的主张，本院不予支持。关于民事权利能力的起始时间，属于民法领域中对民事主体资格的一般性规定，与退休待遇审核属不同范畴，故不存在相抵触问题。关于原告主张公安部等《关于进一步加强居民身份证使用核查工作的通知》（公发〔1992〕21号）第1条、第2条、第3条第6项优于涉案规范性文件，法院认为公发〔1992〕21号文也属于规范性文件，规定的是身份证在一般情况下具有身份证明效力，在办理退休过程中也需要核查身份证，但是涉案规范性文件是专门针对办理退休过程中身份证与档案记载的出生时间不同的情况，所以公发〔1992〕21号文虽是多部门联合制定，但涉案规范性文件属于特殊规定，应优先适用。③是否减损退休职工的权利或设置义务。《立法法》第82条第6款规定："没有法律、行政法规、地方性法规的依据，地方政府规章不得设定减损公民、法人和其他组织权利或者增加其义务的规范。"上述规定经常被作为上位法依据，甚至成为一般原则性的规定被人民法院多次在裁判文书中援引。该规定从法的效力位阶出发，明确规定了适法依据。没有法律、法规作为依据，规范性文件更不得设定减损退休职工的权利或为退休职工增设义务的规范。涉案规范性文件仅是对办理退休过程中身份证与档案记载的出生时间不一致这一情况规定了一个判断标准，所以对退休职工而言，不存在增设义务或者减损权利，因为出生时间是一个客观事实，只能通过证据来证明，档案中记载材料和身份户籍材料均是证明材料，当两者不一致时，就需要一个判断标准。三是涉案规范性文件的制定程序。涉案两份规范性文件均是为贯彻执行国办发［1999］32号文而制定于1999年，但当时我国并未统一制定法律、法规的程序规定，具有合理性。

（五）各审查标准的比较

（1）"不抵触""不违反""不冲突"标准。前述三种表述，在人民法院的裁判文书中较为常见。"不抵触"和"不违反"是较为清晰的逻辑表达，"不冲突"的语义则较为含糊不清，以此作为规范性文件是否违法的标准仍存在标准不明的问题。规范性文件与上位法不抵触即为合法？规范性文件是否合法不能以"不抵触"为标准，人民法院仍应当进行实质性审查。从常规来讲，规范性文件多为执行性的规定，主要是为了贯彻上位法的规定而制定的细化和落实举措。在上位法没有相应规定时，一并审查从形式上看是否符合规范要件，首先是从语义上理解，待审事实是否符合规范性文件违法条款所确定的要件事实。但除此之外，还要审查该规范性文件是否符合立法精神，是否与其他相应法律法规的规定相抵触，对立法目的和立法精神的审查始终包含在规范性文件的审查之中。实践中，有些法院将"合法"限缩为"不抵触"。法院只对被诉行政行为所援引的规范性文件的具体条文进行审查，看该条文内容是否与上位法相抵触，只要条文内容与上位法不抵触，通常就认定规范性文件具有合法性。规范性文件的内容是否违背法律的基本原则，是否存在明显不当则在所不问。还有些法院在裁判文书中仅用"并不违法"四个字来认定规范性文件是否合法，难以看出法院从哪些方面对规范性文件进行了合法性审查和基于何种理由、依据认定规范性文件合法[1]。

（2）"无明显违法"标准。例如，在上海苏华物业管理有限公司与上海市住房和城乡建设管理委员会、中华人民共和国住房和城乡建设部案中[2]，

---

［1］ 参见福建省莆田市中级人民法院［2015］莆行终字第159号行政判决书。
［2］ 上海市第三中级人民法院［2016］沪03行终231号行政判决书。

一审法院在对规范性文件进行审查时，并未从制定主体、权限、内容和程序等方面逐项进行审查，而是认为涉案规范性文件系"根据上位法规定制定，与《行政许可法》《物业管理条例》等法律、法规的规定不相冲突"，制定主体、制定目的、制定过程符合规范，并无明显违法情形。"并无明显违法情形"的表述难免使原告仍然陷入一种是非难断的处境。这种似是而非的审查标准是一个非常低的审查标准，"并无明显违法情形"没有一个相对明晰的判断标准，标准不明产生的直接问题就是主观性和随意性较大，无法判断出规范性文件是否违法，也使许多违法的规范性文件逃过了合法性审查，实践中应当对并无明显违法作一定限制，该理由只能在穷尽其他表达仍然不能更有效解决问题的情形下方可使用，进入新时代以来，党中央的文件多次强调裁判文书的释法说理问题，要求将天理、国法、人情和社会主义核心价值观融入司法解释和司法案件的处理之中，即便是司法界也对裁判文书存在的制作不规范和说理不到位等问题感同身受。也有学者认为[1]，国家有必要从加强法律实施体系建设、规范法律文书格式、强化法律文书释法说理着眼，出台一部法律文书法，专门就执法司法机关法律文书的种类、样式、内容、说理、效力制作和执行等方面作出规定，供司法机关遵循，以提高执法司法规范化水平，强化法律文书的权威性和执行力。裁判文书说理是司法公开的表现，说理公开有利于社会监督，促进司法公正。我国并未建立关于宪法实施的司法审查，尽管有些学者认为我们的备案审查制度本身就是合宪性审查的组成部分，包括现行法院司法审查在内的审查均是对宪法和法律实施的监督，可以看成广义的司法审查。在对行政行为进行合法性审查的过程中，特别是在《行政诉讼法》第53条确立的合法性审查中，根据《行政诉讼法》第70条第6项，对"明显不当"的行政行为，人民法院可以依法撤销或者依据本法第74条的规定判决确认违法，该条规定表明，针对行政行为的审查，司法已经做到了对合理性审查的关照，但基于行政效率和司法审查的谦抑，行政审判目前只对"明显不当"进行审查，轻微的违法行为或者程序性的违法行为，如果对行政相对人的权利没有产生实质性影响，则司法审查对行政权力的行

---

〔1〕　刘树德：《裁判文书说理原论》，法律出版社2023年版，第5页。

使给予相应尊重，故合法性审查原则是司法审查的主原则，合理性审查只是合法性审查的辅助原则。

（3）对规范性文件不予适用作为审查判断标准。对规范性文件不予适用本身是审查的结果还是审查的行为标准，在理论认识上可能还存在争议，实践中存在以不抵触、不违法等理由不能很好地解决审查中遇到的问题时，为了更进一步明确人民法院的审判思路，以结果代替审查过程，直接以"对规范性文件不予适用"来结束审查的现象。规范性文件是否有上位法依据是人民法院审查规范性文件是否合法的重要标准。司法实践中也存在以高位阶法律规范作为审查标准的情况，参照规范性文件的依据文件，根据依据的法律位阶来对规范性文件作出综合判定。如果待审查文件有明确的规范依据，则原告在提起规范性文件一并审查时并未提出对上位规范性文件进行审查的请求，人民法院在规章以上规范性文件未对起诉事项作出规定的情形下，往往存在以上位规范性文件为标准衡量和审查下位规范性文件是否合法的做法，其审查依据和理念基本上是依据法制统一性原理，一国法制，总是遵循相应的法秩序结构，不管是哪一级的规范性文件，规范性文件本身就是行政诉讼一并审查的对象〔1〕，当然，适用上级规范文件的前提仍是，该规范性文件经过了人民法院的初步审查，认为上位的规范性文件没有违反上位法。

此外，基于对行政行为审查的一般标准，我们也可以借鉴域外最低程度标准、一般程度标准和最大程度标准来对行政决定进行监督〔2〕。最低程度的标准主要是审查行政决定的权限、形式，是否存在权力滥用，是否有法律根据，最低程度的标准和《行政诉讼法》规定的撤销之诉适用的条件存在着较大重合，我们可以将之称为明显的违法行为适用最低程度的标准。实践中大量存在的则是一般程度标准，一般程度标准对应现行规定中规范性文件审查的一般合法性标准，也是实践中司法进行审查的常态，绝大多数案件都是以这一形态展现和存在的。最大程度的标准则是衡量行政决定的合法性和妥当性是否符合行政法的基本原则，兼顾公益与私益，主

---

〔1〕〔奥〕凯尔森：《纯粹法理论》，张书友译，中国法制出版社2008年版，第88页。

〔2〕王名扬：《法国行政法》，北京大学出版社2007年版，第553页。

观诉讼和客观诉讼的统一，这一标准需要对衡量的法益进行价值判断，对司法人员的要求也较高。

二、规范性文件的审查范围

（一）域外司法审查的范围

域外国家和地区基于司法审查行政的原则，对规章和规范性文件并未作严格的区分，它们能否被诉，不是根据行为依据规范性文件的形式，而是根据行政决定的作出是否损害了相对人的实体权益。尽管在起诉时机上有"成熟"和"不成熟"的说法[1]，但核心标准就是行政决定是否对相对人合法权益产生了影响。这一点也可以通过2014年修改《行政诉讼法》观察出来，即公民、法人和其他组织认为行政行为侵犯其合法权益，即可发起诉讼。美国学者伯纳德·施瓦茨在《行政法》一书中指出，司法审查的审查范围可以及于行政机关的任何行政行为。如果行政机关的行政规章不合理，不合法或者越权，司法机关有权宣布该规章无效，鉴于美国属于英美法系，当该规章被宣布无效时，它也就等同于被宣布废止。而德国则同时采用直接审查和附带审查并存的方式进行司法审查。

德国行政案件由不属于行政系统的行政法院审理，行政法院只审查行政行为的合法性，不能审查行政机关的裁量行为，因行政行为侵害公民权益时，行政法院具有管辖权，给予权利受损者救济的机会。德国行政诉讼中所适用的行政诉讼法不完善时，也可以用民事诉讼法的规定。德国相较于法国而言，侧重司法监督，但与英美比较起来，更侧重合法性的审查，这一点与我国的规定相似。英美在审理行政案件时，既要进行合法性审查，也要进行合理性审查，且审理程序不与民事案件相区分[2]。"若限制公民只有在权利受到侵害时才能起诉，不仅混淆公法关系和私法关系的性质，而且过分束缚法院对公共机构违法行为的监督，不符合现代行政法发展

---

〔1〕　姜明安主编：《行政法与行政诉讼法》（第4版），北京大学出版社、高等教育出版社2011年版，第371页。

〔2〕　王学辉主编：《行政诉讼制度比较研究》，中国检察出版社2004年版，第82页。

的趋势。英国法院在公法关系中对起诉资格的要求比私法关系要宽。"[1]并且无论原告是提起对规范性文件的部分审查还是全部审查，法院进行司法审查的审查方式都是全部审查。此外，除了原告可以提起司法审查，第三人也能够作为启动主体申请法院进行司法审查。当下需要做的是扩大能够启动司法审查的主体的范围。根据《行政诉讼法》的规定，能够启动司法审查的主体系认为行政行为侵害了自身合法权益的公民、法人及其他组织。

但是关于第三人能否作为启动主体，《行政诉讼法》包括司法解释都未给出明确规定。根据《行政诉讼法》第29条的规定[2]，在诉讼中如第三人合法权益被剥夺或者变相增加了第三人义务，则法律赋予第三人有独立于原告的利益，可以独立进行上诉。所以，从保护第三人合法权益这一诉讼目的来看，赋予第三人请求法院对规范性文件作出合法性审查之权利，符合行政诉讼的立法目的[3]。域外虽无行政法规、规章和规范性文件的划分，但域外对第三人能否作为启动主体给出了肯定回答，在英国、德国以及法国，第三人都有权对违法的行政规范性文件提出司法审查的请求，都能够作为司法审查的启动主体。姜明安教授甚至认为，行政主体在制定行政规范性文件后，尽管规范性文件还没有实施，但一旦实施肯定会对相对人合法权益造成损害的，应当赋予利害关系人对该规范性文件提起诉讼的权利，从预防性诉讼的角度出发，防范不合法的规范性文件在实践中侵犯行政相对人的合法权益。行政相对人之所以能够提起对规范性文件的司法审查，是因为其合法权利受到了侵害，但是与案件有利害关系的第三人却没有相应的司法审查请求权，笔者认为此举使得第三人权益无法得到切实保障。因此，我们认为应当赋予第三人与原告相同的启动司法审查的权利，将其列为司法审查的启动主体。

（二）对抽象行政行为的审查

私有财产在西方受到很大保护，特别是在早期的经典法学著作中，对

---

[1] 王名扬：《英国行政法》，北京大学出版社2007年版，第154页。

[2] 《行政诉讼法》第29条规定："公民、法人或者其他组织同被诉行政行为有利害关系但没有提起诉讼，或者同案件处理结果有利害关系的，可以作为第三人申请参加诉讼，或者由人民法院通知参加诉讼。人民法院判决第三人承担义务或者减损第三人权益的，第三人有权依法提起上诉。"

[3] 章剑生：《现代行政法总论》（第2版），法律出版社2019年版，第482页。

私有财产权予以保护的理论和判例可谓汗牛充栋。英国法院在工作中遵守一个假定，除非法律明白规定，否则不得为了公共利益剥夺任何人的财产。法国禁止普通法院干涉行政，也就禁止普通法院受理行政诉讼。专业的行政法院对审理行政纷争具有优势，加之行政法官的来源较为特殊，使得行政法官能够像执法者一样进行思考，在涉及行政行为合法性时，也能更多从行政管理和裁决的专业性和技术性出发进行综合考量，既有对行政权行使的监督，也兼顾保障行政权的有效行使。这与美国对分权学说的理解是不一致的，在公私法并无严格区分的法律传统认知中，无论是公法上的争议，还是私法上的争议，都应当依据现有法律进行公开公平公正的审理。普通法院处理公私争议，并非因为争议性质而适用不同的规则，普通法院只需对宪法和法律负责，二者的审理规则主要是依据法律，并非因法院自身定位的差异而导致审判规则的不同。公法争议和私法争议仍归置于统一的司法体系之下。

更适合附带性审查规范性文件，以原告申请为前提对被诉行为进行审查，也即"附带性"审查。在审查中要确定规范性文件是行政行为的实质依据，从规范的要件出发，审查行政行为的作出是否依据规范性文件中的条款，分析此类行为间是否有实际关联性。在有些案件中，规范性文件看似行政行为作出的依据，但有可能只是原告为提起行政诉讼而发起的关联诉讼的一部分，该行为并没有实质性影响被告行政行为的作出[1]。此时，需要行政审判的法官进行释明，毕竟在当前，针对规范性文件的诉讼还是一种专业的复杂性诉讼。一般原告对行政行为的理解和判断仍是建立在"谁行为，谁负责"的基础上，行为的依据并非原告关注的重点内容，正是从这一点上而言，我们的规范性文件一并审查之诉的审判质效，与规范性文件的治理质量，行政主体依法行政的水平高度相关，我们的制度建设仍在路上。

从最高人民法院的裁判案例来看，对规范性文件的审查强度以及围绕关联性的审查，从实质性化解纠纷的角度，人民法院不应当仅仅局限于原告的诉讼请求提出的相应条款，而是根据被诉行政行为与被诉规范性文件

---

〔1〕　参见高某春诉被上诉人苏州市虎丘区人民政府行政复议案，江苏省高级人民法院〔2018〕苏行终 1010 号行政判决书。

有无实质性关联来进行综合判断。从行政审判的实务经验来看，是否存在关联性可以通过形式要件和实质要件进行分析，形式要件更多是通过规范本身出发，看行政决定是否援引了行政规范性文件，援引的条款和作出的行为之间是否有关联性，该关联性应当奉行"一般人"理解的标准，不能背离常识常理常情。如果从本质上来讲，规范性文件确与被诉行政行为无关联性，人民法院应当在审理中予以查明，并在裁判文书中进行释明。是否存在关联性还有实质要件的判断，从法律规范设定的要件出发，看行政机关作出的行政行为的实质性依据是否与规范性要件上的要素一致或者基本一致，进而得出该行政决定是否合法的结论。如最高人民法院在谢某艳与被上诉人泰州市财政局行政处理案[1]的处理中就很好地贯彻了这一意见。

法院在行使司法审查权的定位上，应当将监督行政与支持行政结合，监督行政是行政诉讼法立法目的之一，行政规范性文件一并审查是否有支持行政机关行政之意？按照传统的观点，司法的归司法，行政的归行政，司法与行政的分界泾渭分明，行政是执行立法机关的意旨，依法行政，行使立法机关赋予的权力。但现代社会分工高度细致，各部门各领域需要高度配合和密切协作，特别是在国家治理体系和治理能力现代化水平提升后，我国立法机关、行政机关、审判机关和检察机关之间分工负责，分工协作。正所谓"社会控制是需要有权力的——它需要用其他人的压力来影响人们行为的那种权力。作为社会控制的一种高度专门形式的法律秩序，是建立在政治组织社会的权力或强力之上的。但是法律绝不是权力，它只是把权力的行使加以组织和系统化起来，并使权力有效地维护和促进文明的一种东西"。[2]如同《宪法》第 140 条的规定[3]，在办理刑事案件过程中，既要分工负责，互相配合，还要相互制约，从语义学角度来讲，首先是分工负责，其次是互相配合，最后是相互制约。人民法院作为审判机关，对行政机关的监督在《行政诉讼法》的立法目的上，是监督和制约，

---

〔1〕 参见最高人民法院［2017］最高法行申 5858 号行政裁定书。

〔2〕 ［美］罗斯科·庞德：《通过法律的社会控制》，沈宗灵译，商务印书馆 2010 年版，第 30 页。

〔3〕 第 140 条规定："人民法院、人民检察院和公安机关办理刑事案件，应当分工负责，互相配合，互相制约，以保证准确有效地执行法律"。

但如果从《宪法》架构上来看，则是贯彻执行党的方针和路线政策。我们对方针政策本身不作评价，但宪法的运行要求我国各级机关均坚持党的领导，与党中央保持一致，落实党的执政方针本身就是推进宪法的实施，维护宪法的尊严和权威。为改革和社会发展提供公平正义的司法环境，是一个国家司法机关应当为之努力的目标，这一目标的首要要求就是在国家法制统一的基础上，通过公正司法化解社会矛盾纠纷，并为经济社会发展提供基本的行为预期和产权保障，同时引导全社会成员形成尊法和守法的基本价值秩序。人民法院作为审判机关，在监督行政机关依法行政上，就是要通过行政审判纠错，在官民之间的纠纷上定分止争。审查规范性文件对行政审判提出了更高的要求，在对规范性文件的治理上，人民法院不但要审理已经产生的纠纷，同时还要从防范纠纷的角度对制定规范性文件的行为进行审查，防止因抽象行政行为给社会造成的普遍性纠纷。行政审判工作要积极主动地为党和国家的首要任务提供司法保障和服务。

上述事实说明，我国行政审判与民事审判虽同为审判机关在不同法律领域行使审判权，但相较于民事审判而言，行政审判还面临与行政权的平衡与监督问题，这是行政审判权的监督特性所决定的，但需要明确的是，该监督是为了更好地适用法律，更好地贯彻宪法实施，更好地让执政党意志贯彻到社会生活的各个领域。这一点不同于西方政体运行中的牵制和制衡。相互制衡有利于监督，相互负责、分工和配合也是一种制约，体制不同，就要探寻在该体制下能够减少成本、发挥制度效益的最佳运行方式。

（三）规范性文件审查的法院

从域外的情况来看，法国和德国对规范性文件的审查遵循高级别法院审查原则，从地域管辖上来看，即让高级别的法院审查下级行政机关的规范性文件，《德国行政法院法》规定，州法律以下的法规，如果行政相对人认为适用该法规将导致不利或者受到损害，有权对该法规提起审查之诉，该审查只有在宪法法院也对该法规的合法性进行审查时方可中止〔1〕。

当前规范性文件的一并审查并没有从级别管辖上规定，基层人民法院

---

〔1〕　梁凤云：《行政诉讼讲义》（下），人民法院出版社 2022 年版，第 930 页。

承担了大量的规范性文件一并审查的工作。规范性文件的审查难度很大，加之基层法院背负着沉重的案件审理压力，基层法院行政庭法官往往不堪重负。如果一审法院裁判结果不能案结事了，当事人较大概率会提起上诉，这使得二审法院仍不得不重新启动对规范性文件的审查。这一点从最高人民法院发布的指导性案例中就能得到有效印证。在当前基层法院和中级人民法院行政法官专业训练和知识储备相差无几的情形下，很难说二审判决结果的质量和获得感就能令当事人满意。因规范性文件的审查属于附带审查、条款审查，并不是对规范性文件的独立审查和全部审查[1]。《行政诉讼法》根据被诉行为决定人民法院的层级。司法实践中已经出现因法院级别较低而出现基层法院法官不愿审不敢审的情况，有学者提出应当以完善四级法院审级职能定位改革为路径，从管辖权转移和提升审级改革着手，克服规范性文件审查中存在的案件少、进入审理程序少、判决规范性文件违法少等存在的影响规范性文件制度功能发挥的问题[2]。当前，针对规范性文件的审查，不能片面地认为只有高级别的法院方能审高级别的规范性文件，大量的行政纠纷发生在基层治理中，根据诉讼中的"两便"原则，合法性审查中的发现规范性文件违法移送审查原则，基层法院审理在审查规范性文件是否合法的制度设计中具有必要性和可行性，除根据行政诉讼的相关规定，如级别管辖需要中级以上人民法院审理的，由相应级别的法院进行审理外，其他案件应当由基层法院进行审理。避免出现高级别法院在审理中的错位现象，高级别的法院审判更为公正在有些案件中并不总是如我们期待的那样，很多发回重审的案件或者启动再审的案件，也并不总是一审或者二审出现了错误，即便是最高人民法院的判决也并非总能达到我们期待的案结事了和定分止争的效果。

三、规范性文件审查的结果

规范性文件的审查结果关系审查的权威，关系立法和执法的质量，在

---

〔1〕 梁凤云：《行政诉讼讲义》（下），人民法院出版社 2022 年版，第 931 页。

〔2〕 赵雪雁：《论规范性文件附带审查级别管辖的改革因应》，载《江苏社会科学》2023 年第 1 期，第 161 页。

全面提升国家治理体系和治理能力现代化水平的形势下，必须从规范性文件治理源头出发，重视对规范性文件的立改废过程，加强过程监督和控制，对规范性文件的制定者而言，要制定出高质量的规范性文件，注重其操作性、实践性和落地性；对执法人员而言，既要了解规范性文件的制定目的和适用范围，同时也要结合规范性文件的要求和地方实践的现状进行精准执法。将法律规范希望达到的目的在社会实践中落到实处。

（一）无效说

对于规范性文件审查后处理方式的选择问题，理论上存在不同的学说，主要有个案不予认定说、普遍不予认定说、自此无效说，不同国家的立法也采取了不同的方式。采取个案不予认定，但不影响规范性文件效力做法的是法国。法国对条例的效力不像德国那样直接宣布无效，而是由有权机关或者制定机关来撤销。法国行政法院可以在诉讼中宣告条例等规范性文件对本案不适用，但是不能撤销条例等规范性文件，也不影响条例等规范性文件的存在[1]。德国立法采取自此无效说，《德国行政法院法》第48条第5款规定，高等法院认为法规不具有有效性的，应宣布法规无效。《行政诉讼法司法解释》对审查的结果进行了进一步的规定，对于经审查认为不合法的规范性文件的处理结果分为三个层级：其一，经审查不合法，不作为合法依据，从法官角度看，裁判说理既是法官依法拥有的一项审判权力，也是法官应当履行的一项审判义务[2]。其二，向制定机关提出处理建议。其三，根据制定机关层级分别报送上一级人民法院或者分别层报最高人民法院、高级人民法院备案。从前述处理方式来看，在第一个层级，主审法官在裁判文书中释法说理，规范性文件是否作为行政行为的依据，以及规范性文件是否合法，都是该案主审法官的审理范围。在裁判文书中说理，属于主审法官的正常工作内容，换言之，该部分工作可以被视为分内工作，不论该案主审法官主观上是否愿意，都是其主审该案应当履行的法定义务。从第二个层级来看，司法解释将向制定机关提出处理建议的主体定位为作出生效裁判的人民法院。要求作出生效裁判的人民法院

---

〔1〕　王名扬：《法国行政法》，中国政法大学出版社1988年版，第151页。
〔2〕　刘树德：《裁判文书说理原论》，法律出版社2023年版，第7页。

应当向制定机关提出处理建议，其中的原因有可能是，规范性文件是否合法已经由人民法院裁判认定，被告在诉讼程序中充分行使了诉讼权利，本着有错必纠的原则，由人民法院向制定机关进行反馈，提出处理建议。我们必须注意到，在办理该案的过程中，不管该案是否经过审判委员会讨论，人民法院在向制定机关提出处理建议时，均须加盖人民法院公章，也就是法院院长必须审核同意后决定。履行该手续可能存在的工作量必然增加，如果说加盖公章流程是各部门法定的工作流程的话，在现行审判架构下，各级法院并没有专门向制定机关提出处理建议的法定机构，人民法院各业务审判庭也不存在这样的专门机构，所以向制定机关提出处理建议的责任往往又落在了具体审理案件的主审法官身上，这无疑会增加主审法官的职业风险和工作难度。从"理性人"的角度出发，在缺乏相应激励机制和评价机制的环境下，规范性文件的审理法官很难真正承担起这样的角色，一般来说都是在裁判文书下发后，就自然而然地认为，法定义务已经履行完毕。从科层制运作的惯性来看，或许，多数法官本着"多一事不如少一事"的行事风格和处世规则，对司法解释的后续处理流程置之不理，除非领导或者外部力量（被告的上级机关或者纪检监察机关）要求人民法院对该案作出相应的解释。从第三个层级来讲，规范性文件经审理不合法的，还要求人民法院根据制定机关层级，分别报送上一级人民法院或者分别层报最高人民法院、高级人民法院备案。这一程序建立在第二层级之上，如果发现审理存在错误，是否要根据案件最后的审理继续层报，现有司法解释没有作出规定，但根据有错必纠的司法程序，该流程的启动也包含在应有规范要义之内。从域外来看，德国的行政法院可以宣布规范无效，被确认无效的规范自始无效，且颁布规范的行政机关不得再行颁布。可见，德国行政法院具有较高的司法审查强度。法国最高行政法院对于违法的条例可以撤销或者宣告无效[1]。

实践中大量案件主要集中在基层法院，根据管辖级别改革和审判职能定位的要求，我们并没有将规范性文件一并审查作为级别管辖的考虑因素。有些文件的制定主体级别较高，但因其行政行为符合基层法院管辖的

---

〔1〕 梁凤云：《行政诉讼讲义》（下），人民法院出版社 2022 年版，第 932 页。

范畴，我们仍将其交由基层法院审理。之所以如此，主要考虑理由是规范性文件的审查属于一种附带性审查，审查的强度和广度是区别于行政行为的。实务部门认为[1]，规章作为参照，并非不接受审查，法院对规章的审查是"合法有效"标准，对于其他规范性文件的标准是"合法有效合理适当"标准，这个标准远远超出对规章的合法性审查标准，审查的强度和力度明显更大。

基于司法最终裁判的原则，人民法院对规范性文件进行效力判断后，根据位阶较高的规范性文件作出裁判，符合法制统一性原理，且基于判决的拘束力，监督行政机关行政行为依据的合法性，从行政决策和行政执法的角度，倒逼行政行为的合法性。这是附带审查制度的最大价值。法律可以直接从正义中，从人们的理想关系中推论出来，而它的拘束力是基于它所代表的正义具有拘束力。[2]法院作出确认违法的判决后，规范性文件的制定机关应予以撤销。

在郑某琴诉浙江省温岭市人民政府土地行政批准案中[3]，原告郑某琴在提起诉讼时要求撤销被告作出的行政行为，同时对《温岭市个人建房用地管理办法》与《温岭市工业城二期用地范围房屋迁建补偿安置办法》进行一并审查，一审法院认为，被告作出行政决定时并未审查村委会上报的材料，属于事实认定不清；同时，作出判定，认为前述规范性文件对原告不适用，但并未说明不适用的理由，依据本案审理思路，主审法官应该是认为该规范性文件不合法，所以对原告不予适用。二审法院在判决中认为，不适用的表述有所不当，并进行了指正。该案的积极意义在于，人民法院在认定规范性文件违法后，积极主动地启动司法程序，向规范性文件制定机关发出建议，要求制定机关修改规范性文件，制定机关根据人民法院的司法建议进行了修改，在很大程度上避免了更多涉及"外嫁女"合法权益保护等诉讼案件的发生。在涉及"外嫁女"相关权利上，存在村、居委会制定文件限制其权

---

〔1〕　梁凤云：《行政诉讼讲义》（下），人民法院出版社 2022 年版，第 934 页。

〔2〕　［美］罗斯科·庞德：《通过法律的社会控制》，沈宗灵译，商务印书馆 2010 年版，第 32 页。

〔3〕　参见最高人民法院发布的第一批 9 起行政诉讼附带审查规范性文件典型案例。参见浙江省台州市黄岩区人民法院［2015］台黄行初字第 9 号行政判决书；浙江省台州市中级人民法院［2015］浙台行终字第 186 号行政判决书。

益的情形，有些文件系村、居委会制定报经乡镇或者街道委员会审核审批，对审查该类文件的请求不能简单以属于村民自治范围为由不予立案。

（二）不予适用说

规范性文件如违反上位法，则不论在备案审查还是规范性文件一并审查中均不予适用。如某市人大常委会法制工作委员会对《某市户外广告位经营权公开出让暂行办法》（某府令第 241 号）（以下简称《暂行办法》）进行了审查。审查认为，《暂行办法》第 7 条 "所有物业上设置户外广告在联合产权交易所公开出让"、第 17 条 "户外广告位经营权出让收入，扣除公开出让成本后，由政府和业主按 3∶7 比例分配" 的规定与原《物权法》第 70 条、第 135 条关于业主享有完整物权的规定不一致，存在对私有物业户外广告的设置权、收益权造成侵害的情形。市人大常委会法制工作委员会多次召开座谈会听取市人大有关专门委员会、市政府部门、市总商会广告商会等方面的意见。各方意见趋于一致后，及时与市政府办公厅沟通反馈，市政府根据沟通反馈的意见建议，暂停适用《暂行办法》第 7 条、第 17 条的规定。后来市政府第四十次常务会议通过的《关于废止和继续施行部分政府规章的决定》（某府令第 279 号）废止了《暂行办法》[1]。

司法实践中，上级人民法院向下级政府发送司法建议的情形较多。在袁某北诉江西省于都县人民政府物价行政征收一案中[2]，于都县人民政府扩大了污水处理费收缴人员范围，将法律、法规和上级规范性文件确定的向污水管网排污的对象扩大到所有用水企业、个人，显然违反了污水处理费用缴纳对象的规定，属于违反上位法规定，增加了相对人的义务。江西省高级人民法院向于都县人民政府发送了司法建议书，建议于都县人民政府修改规范性文件。

被告既可以在答辩时一并就制定、发布规范性文件的合法性向法院陈述，也可以由制定机关到庭说明情况，制定机关申请主动说明情况的，人民法院应当准许。实践中也存在人民法院向制定机关发出通知，要求制定

---

[1] 全国人大常委会法制工作委员会法规备案审查室编著：《规范性文件备案审查案例选编》，中国民主法制出版社 2020 年版，第 237 页。

[2] 江西省赣州市中级人民法院 [2015] 赣中行初字第 126 号一审行政判决书。

主体对其制定的规范性文件相应条款合法性作出说明的情况〔1〕。如果强制性规定制定机关必须出庭说明情况，必然会给制定机关带来较大压力，且制定机关出庭的话，其诉讼地位如何也是一个问题，人民法院对案件本身的审理也无权宣布规范性文件的效力，人民法院依照职权进行决定，可以告知制定机关出庭说明情况，至于制定机关是否说明情况，是否提供说明材料等都不影响人民法院对案件的裁断。制定机关说明情况后，人民法院也要对其理由进行合法形式审查。

四、提出司法建议

规范性文件不合法，对人民法院而言，提出司法建议是现行法律规定的有力举措。按照宪法中规定的权力分工合作原理，行政机关和审判机关共同在党的领导下，为了实现富强、民主、美丽、和谐的目标相互配合，在审判机关发现行政机关制定的规范文件违反上位法规定时，人民法院可以就案件审理中存在的违法问题向司法机关提供建议。行政机关根据人民法院的司法建议及时修改或者修正规范性文件存在的错误，以便提升规范性文件的治理效能。从这一点而言，人民法院和人民政府在司法和执法的方向上是一致的，都是为达成社会公平正义的目的，也都有对效率与公平的考量。司法建议的发送，也说明人民法院不是被动司法，更不是因为案件审理跟行政机关过不去，这也是党和国家一直提出要以法治思维和法治方式办事的重要原因。所以说，司法建议也是延伸审判职能的重要表现形式〔2〕。

---

〔1〕　在方某女诉淳安县公安局行政处罚案中，方某女请求对被诉处罚决定依据的相关规范性文件一并进行合法性审查。为明确审查的范围，法院在征求双方当事人意见的基础上，确定本案所审查的规范性文件范围是浙江省公安厅制定的《浙江省居住出租房屋消防安全要求》第7条、第14条，浙江省公安厅《关于解决消防监督执法工作若干问题的批复》第5条，杭州市公安局制定的《关于居住出租房屋消防安全整治中若干问题的法律适用意见（试行）》第8条。由于杭州市公安局制定的《关于居住出租房屋消防安全整治中若干问题的法律适用意见（试行）》第8条系重复《关于解决消防监督执法工作若干问题的批复》第5条之内容，审判法院向制定主体发出通知，要求其说明情况，制定主体浙江省公安厅及时予以回应，并作出书面说明。

〔2〕　1989年《行政诉讼法》第一次以立法形式规定司法建议，把它作为应对行政机关拒绝履行法院裁判的一项措施。最高人民法院也先后发布《关于进一步加强司法建议工作为构建社会主义和谐社会提供司法服务的通知》（法发〔2007〕10号）、《关于加强司法建议工作的意见》（法〔2012〕74号）。

　　根据《行政诉讼法司法解释》的规定，人民法院认为规范性文件不合法的，应当向制定机关提出处理建议，并可以抄送制定机关的同级人民政府、上一级行政机关、监察机关以及规范性文件的备案机关〔1〕。从规范性文件制度的适用后果而言，赋予人民法院提出司法建议书的建议权，是规范性文件一并审查制度的最后落脚点，根据有关司法建议的规定，接受司法建议的机关应当将反馈意见报告人民法院。根据现行党内法规和法律法规的规定，人民法院发送了司法建议后，行政机关是否就司法建议中的问题进行积极回应和处理，应当允许纪检监察机关介入。对人民法院已经发送司法建议的情形，人民法院或者纪检监察部门发现行政机关仍没有作出相应修改的，应当依照《中国共产党纪律处分条例》《公职人员政务处分法》《监察法》等规定处理。

　　审查规范性文件不是目的，因规范性文件具有普遍适用性，审查规范性文件是为了纠正规范性文件，我国如何纠正错误的规范性文件，怎么提，向谁提出，提出后如何解决。在备案审查中，上一级人大常委会已经对某具体事项作出了相应规定，下一级人大或者政府就不得再就该事件作出限缩性规定，这是《立法法》上的重要规定〔2〕。虽有《立法法》前述规定，但地方在制定地方性法规或者地方政府规章时，仍存在设定减损公

---

　　〔1〕　第149条规定："人民法院经审查认为行政行为所依据的规范性文件合法的，应当作为认定行政行为合法的依据；经审查认为规范性文件不合法的，不作为人民法院认定行政行为合法的依据，并在裁判理由中予以阐明。作出生效裁判的人民法院应当向规范性文件的制定机关提出处理建议，并可以抄送制定机关的同级人民政府、上一级行政机关、监察机关以及规范性文件的备案机关。规范性文件不合法的，人民法院可以在裁判生效之日起三个月内，向规范性文件制定机关提出修改或者废止该规范性文件的司法建议。规范性文件由多个部门联合制定的，人民法院可以向该规范性文件的主办机关或者共同上一级行政机关发送司法建议。接收司法建议的行政机关应当在收到司法建议之日起六十日内予以书面答复。情况紧急的，人民法院可以建议制定机关或者其上一级行政机关立即停止执行该规范性文件。"

　　〔2〕《立法法》第91条规定："国务院各部、委员会、中国人民银行、审计署和具有行政管理职能的直属机构以及法律规定的机构，可以根据法律和国务院的行政法规、决定、命令，在本部门的权限范围内，制定规章。部门规章规定的事项应当属于执行法律或者国务院的行政法规、决定、命令的事项。没有法律或者国务院的行政法规、决定、命令的依据，部门规章不得设定减损公民、法人和其他组织权利或者增加其义务的规范，不得增加本部门的权力或者减少本部门的法定职责。"第93条第6款规定："没有法律、行政法规、地方性法规的依据，地方政府规章不得设定减损公民、法人和其他组织权利或者增加其义务的规范。

民、法人和其他组织权利或者增加其义务的规范的情形。2016 年 3 月，某市政府常务会审议通过了《调整某市公共汽车票价的方案》（以下简称《方案》）。《方案》规定：70 周岁（含）以上老人，可凭本市老年证办理免费乘车卡，在非高峰时段免费乘车，高峰时段（工作日的 7：00—8：30、17：00—18：30）全票乘车。市人大常委会备案审查工作委员会对《方案》进行了主动审查。研究认为：《江西省实施〈中华人民共和国老年人权益保障法〉办法》第 44 条明确规定，65 周岁以上老年人可以在本省范围内免费乘坐城市公共汽车、地铁和轻轨，《方案》规定与上述规定不一致。市人大常委会备案审查工作委员会与相关政府部门进行沟通，听取情况说明。经沟通，《方案》删除了相关规定。上述案例说明，在规章和规范性文件制定中，加强制定部门之间的沟通协调尤为重要，上一级地方权力机关和下一级地方权力机关在行使立法权时虽为监督关系，但同时根据执政党的领导体制和《立法法》的规定，二者也存在上下级的领导关系，下一级机关在制定规范性文件时，与上一级保持沟通和协调既是工作上的要求，也是现行制度的要求，必要的沟通和协调对减少重复立法，提高立法质量具有积极的作用。在对规范性文件审查的过程中，会涉及规章和规范性文件的识别问题，有学者认为，应当在法院和规范性文件制定机构建立起规范性文件识别机制[1]。"规范性文件本身属于在一定期限内反复适用，审查既是对直接适用条款的审查，也是对整个规范性文件是否合法的一次检视，存在相对的独立性和前置性监督功能。在司法实践中，不能因被诉行政行为在主体、职权、内容、程序等方面的违法导致该行政行为被撤销就不再审查被诉规范性文件的合法性，两者之间不存在此种因果关系。"[2]

在郑某琴诉浙江省温岭市人民政府土地行政批准案中，一审法院于 2015 年 8 月向被告发出司法建议，指出被告制定的《温岭市个人建房用地管理办法》等规定限制了出嫁女的权利。被告在接到司法建议后就启动了

---

[1] 王春业：《从全国首案看行政规范性文件附带审查制度完善》，载《行政法学研究》2018 年第 2 期，第 99 页。

[2] 李明超：《论规范性文件不予一并审查：判断要素及其认定规则——基于 1799 份裁判文书的分析》，载《政治与法律》2021 年第 4 期。

规范性文件的修订工作，后被告以新规定取代旧规定，明确入赘者可以计入村民建房用地有效户口。但在有些案件中，在人民法院发出司法建议后，行政机关要么迟迟不答复，要么很快答复，却未必落实。正如何海波教授所言，规范性文件附带审查机制的良好运作部分取决于法院的明确表态和令人信服的理由说明，但主要取决于行政机关对司法认定的尊重和落实。如果各地法院对规范性文件的合法性判断标准不一，相互矛盾，这无疑会降低人民法院对规范性文件进行审理的权威。如果严重违法的规范性文件在实践中横行又得不到有效监督和控制，《行政诉讼法》设定规范性文件一并审查制度的目的就会落空。说得再危言耸听一些，这可能影响法治政府的建设，影响行政权和司法权在宪法政治架构中分工配合的根本运行准则，兹事体大，对规范性文件的审查，特别是后续规范性文件在接到人民法院司法建议后的处理结果能否得到行政机关的重视，是规范性文件一并审查制度价值实现的"最后一公里"。在实践中，有的当事人在诉讼中就请求人民法院就某个问题发出司法建议。这种请求是建议性质的，不属于原告的诉讼请求，法院没有裁判的义务[1]。

（一）违法制定规范性文件的追责问责

十八届四中全会后，我们积极推进社会主义法治体系建设，坚持全面推进"科学立法、严格执法、公正司法、全民守法"。党的十九大报告明确提出要依法立法，其宗旨是维护法制的统一。2017 年，甘肃祁连山生态保护立法中有关人员被追究违法立法的责任，引起广泛关注，甘肃省政府原党组成员、原副省长杨子兴分管祁连山生态环境保护工作，在修正《甘肃祁连山国家级自然保护区管理条例》过程中把关不严，致使该条例部分内容严重违反上位法规定，对查处、制止违法违规开发项目督查整改不力，对保护区生态环境问题负有领导责任，被给予其党内严重警告处分[2]。该案例中至少存在的警示是，在规范性文件制定中，因制定主体对规范性文件

---

〔1〕 参见海口市中级人民法院［2005］海中法行终字第 19 号行政判决书。海口市两级法院判决维持了被告的决定，并驳回原告要求发出司法建议等诉讼请求。法院认为，原告发出司法建议的请求"不属于行政审判的范畴"，故不予处理。

〔2〕《祁连山生态环境破坏问题突出　甘肃省多名相关责任人被问责》，载 https://www.sohu.com/a/158763235_ 119778，2024 年 6 月 30 日访问。

把关不严，导致规范性文件制定内容严重违反上位法规定，规范性文件制定主体应承担相应的责任。至于该责任是集体责任和还是个人责任，是政治责任还是法律责任，仍有待理论和实务界进一步研究。何海波教授认为，如果严重违反规范性文件的主事者从来没有被追究，那么，是否说明立法者当初的预期并不成立？今后《行政诉讼法》修改时，是否应当改弦易辙，考虑设立法院直接审查的机制〔1〕？对于经过合法性审查认为行政行为的违法是由所依据的规范性文件违法造成的，并且造成了行政相对人损失的，行政相对人可以请求国家赔偿，目前赔偿义务机关一般是作出行政行为的行政机关，不包括规范性文件的制定机关。对于这一追责问题，最高人民法院有法官认为，我们可以通过将来修改《国家赔偿法》来解决，有的学者进一步认为，如果规范性文件违法，涉及的赔偿主体应包括两个以上，赔偿责任应该根据违法行政的具体情况而定：如果作出行政行为的行政机关曾经向制定机关提出异议，制定机关没有答复或者不予答复，则制定机关具有完全的公务过错，应当由制定机关承担赔偿责任；如果作出行政行为的行政机关明知规范性文件违法或者无效而未向提出机关提出异议的，根据双方的过错程度承担连带责任。

国务院办公厅《关于加强行政规范性文件制定和监督管理工作的通知》（国办发〔2018〕37号）对规范性文件也提出了要求，对行政规范性文件制定中负有责任的领导干部和直接责任人员依法追责，体现了权责一致的原则，对行政规范性文件的制定主体提出了更高的要求。〔2〕

（二）加强行政规范性文件的清理

多数情况下行政规范性文件系基于特定时期行政管理的需要而制定，随着社会管理需求的不断调整，部分行政规范性文件可能因不符合社会经济发展的需要等原因被废止，对此行政机关应及时进行梳理，确保行为依

---

〔1〕　何海波：《行政诉讼法》（第3版），法律出版社2022年版，第572页。
〔2〕　该通知要求，地方各级人民政府对所属部门、上级人民政府对下级人民政府、各部门对本部门制发的行政规范性文件要加强监督检查，发现存在侵犯公民、法人和其他组织合法权益、损害政府形象和公信力的，要加大查处力度，对负有责任的领导干部和直接责任人员，依纪依法追究责任。对问题频发、造成严重后果的地方和部门，要通过约谈或者专门督导等方式督促整改，必要时向社会曝光。

据的规范性文件的合法性及有效性，不得再依据已被废止的规范性文件作出行政行为。规范性文件的清理可能是基于以下几个原因：一是在备案审查过程中发现了问题，备案审查部门向制定部门进行了反馈，要求制定主体进行说明或者修改；二是人民法院在合法性审查过程中发现了行政规范性文件在合法性上存在问题，通过司法建议的方式要求制定主体自行纠正；三是行政规范性文件在适用中，制定主体发现该文件在合法性上存在问题，自行对规范性文件进行纠偏，对其效力作出认定。在王某某诉平度市人民政府、青岛市人民政府征地补偿协调及行政复议案中，2016 年 12 月 15 日，原告王某某向被告平度市政府邮寄《征地补偿安置争议协调申请书》，依法申请被告对 2009 年 10 月 25 日平度市国土资源局与平度市香店街道村民委员会签订的《征收土地安置补偿协议》所确定的原告被征收土地的征地补偿标准进行协调。2016 年 12 月 24 日，被告平度市政府针对原告申请，作出《协调申请告知书》，认为根据《山东省征地补偿安置标准争议协调裁决暂行办法》第 16 条第 1 项之规定，原告的申请已经超出协调申请的期限，决定不予受理。原告不服，向青岛市政府申请复议。青岛市政府决定维持被告平度市政府作出的《协调申请告知书》行政行为。原告不服，诉至法院，要求撤销《协调申请告知书》及《行政复议决定》，且一并审查《山东省征地补偿安置标准争议协调裁决暂行办法》第 16 条第 1 项的合法性。

法院生效判决认为，经查，山东省人民政府办公厅《关于印发山东省征地补偿安置标准争议协调裁决暂行办法的通知》于 2017 年 12 月 15 日被废止，即原《山东省征地补偿安置标准争议协调裁决暂行办法》第 16 条第 1 项不合法。故该项规定不能作为认定本案被诉《关于征地补偿安置争议协调申请书的告知书》合法性的依据。针对原告王某某向被告平度市政府提出的协调申请，被告平度市政府决定不予受理，不符合《土地管理法实施条例》的规定，依法应予撤销，遂判决撤销被告某市人民政府作出的《关于征地补偿安置争议协调申请书的告知书》及被告青岛市人民政府作出的《行政复议决定书》；责令被告平度市人民政府针对原告王某某的申请依法重新作出行政行为。

规范性文件的灵活性就在于其适用具有实效性，某些规范性文件的出台只是为解决一时或者一地之需，故给予地方充分的自治空间。但当规范性文件失去效力后，应当及时作出调整，废除不合时宜的规范性文件，当前在规范性文件废除工作上，我们还缺乏一套完整的工作机制[1]。当前更多还是集中在备案审查的废止上，通过司法建议进行审查废止，通过公众反馈进行废止的较为少见，正常的做法应该是通过一整套成熟的机制进行运转，主要靠制定机关自身来不断审查和反馈，特别是规范性文件有可能违反上位法时，制定机关通过启动自身的程序机制进行自纠比较重要。当前存在问题的原因：一是上下级沟通不畅，规范性文件明确废止后，有关执法部门仍然适用已经废止的规范性文件；二是规范性文件废止过程中，部分没有经过公示公告环节，废止规范性文件的通知公告往往通过内部行文的方式发布，导致民众对已经废止的规范性文件不知情，也无从知情；三是规范性文件废止过程中，已经适用规范性文件的案例和裁判应当如何处理，规范性文件没有做好衔接和处理，导致相对人利益受损。有些地方对规范性文件的清理工作则较为重视，专门成立相应机构负责清理，处理效果较为明显[2]。

　　规范与现实的关系是，既不能以现实推翻现有规范，也不能以规范彻底地去驯服现实。规范和现实本身就存在着一定张力。规范的逻辑在于引导，现实的逻辑在于既有的惯性。不合时宜的行政规范性文件应该被及时废止。特别是对行政规范性文件，要从服务市场经济出发，结合便民性和高效性的要求，制定清理计划和目标。规范性文件清理本是规范性文件制定机关应当从事的一项常规工作，特别是在法治国家、法治政府、法治社会一体化建设的过程中，规范性文件不合法，对社会产生的破坏作用极大，损害了法律的权威和社会公平正义的实现。规范性文件的清理缺乏统

---

　　[1]　规范性文件的废止，可参考《法规、司法解释备案审查工作办法》《规章制定程序条例》《关于加强行政规范性文件制定和监督管理工作的通知》等规定。《法规、司法解释备案审查工作办法》第41条第1款规定，经审查研究，认为法规、司法解释存在本办法第三章第三节规定情形，需要予以纠正的，在提出书面审查研究意见前，可以与制定机关沟通，要求制定机关及时修改或者废止。参见《规章制定程序条例》第37条、《关于加强行政规范性文件制定和监督管理工作的通知》第三部分第10项的规定。

　　[2]　甘肃省人民检察院法律政策研究室课题组、金石、刘明：《在规范性文件清理中进一步服务检察办案》，载《中国检察官》2016年第21期，第76页。

一的法律、法规或者规章的规定。有些地方通过出台规章或者地方立法的方式制定了规范性文件清理的规定〔1〕，但将规范性文件清理的主体界定为各部门，即遵循"谁制定谁清理"的原则。应当建立起行政规范性文件的及时清理工作机制，无论是行政规范性文件，还是司法规范性文件，抑或其他规范性文件，都应当在制定后及时评估，及时修改。1999年，国务院《关于全面推进依法行政的决定》颁布后，国务院要求，应对照《行政处罚法》等法律、行政法规的规定，认真审查各单位正在起草的文件，并抓紧清理本单位已下发的文件。如发现本单位起草或下发的文件中有不合法或不当的具体行政决定的，应及时予以纠正。依照法定程序加强对规范性文件的立改废工作，使经济社会的发展与规范性文件的规定尽量保持一致，减少不合时宜的规定对经济社会发展带来的负面影响。但从实践而言，规范性文件从来都是被动清理的多，主动进行清理的少〔2〕，即便是在被动清理中，往往也是大规模、阶段性、运动式的治理，缺乏对及时清理的制度安排，突出表现在往往法律、法规和规章作出了修改或者废止，但依据上位法制定的规范性文件没有得到及时修改或者废止。在《某新区房屋拆迁管理暂行办法》关于集体土地上房屋拆迁等规定上〔3〕，2010年7月，公民向江苏省人大常委会法制工作委员会提出对《某新区房屋拆迁管理暂行办法》进行审查的建议，江苏省人大常委会法制工作委员会根据有关规定，将该审查建议移送某市人大常委会审查。审查建议人认为：①该办法第2条规定："在新区行政区域内的集体土地以及征地后的国有土地上，因规划建设需要拆迁的房屋及其附属物适用本办法。"该规定违反了《立法法》第8条、第9条，《物权法》第42条和城市房地产管理法第6条的规定，越权制定非国有财产的征收制度。②该办法第7条规定："新区房屋拆迁主管部门根据下列文件、资料向镇、街道（或项目公司）征地动迁办公室下达拆迁任务书和核发房屋拆迁许可证：（一）建设项目

---

〔1〕 参见《辽宁省规章规范性文件定期清理规定》。

〔2〕 李平等：《政府规章、规范性文件即时清理制度研究》，载上海市行政法制研究所编：《依法行政的制度建设（2013~2015年研究报告集）》，上海人民出版社2016年版，第1页。

〔3〕 全国人大常委会法制工作委员会法规备案审查室编著：《规范性文件备案审查案例选编》，中国民主法制出版社2020年版，第253页。

批准文件、土地协议或市政建设用地规划；（二）征（拨）建设用地规划定点通知书及用地范围红线图；（三）新区管理委员会规定的其他文件、资料。"该规定违反了《行政许可法》第 14 条、第 17 条的规定，越权设定了行政许可，2002 年的《江苏省城市房屋拆迁管理条例》也未授权市人民政府设定征地拆迁许可。③该办法第 7 条设定房屋拆迁许可的条件违法，第 2 项的"征（拨）建设用地规划定点通知书及用地范围红线图"不是征地批准文件，不能作为发放房屋拆迁许可证的合法要件。2010 年 9 月，市人大常委会办公室向市政府办公室、市政府法制办发函，根据江苏省人大常委会法制工作委员会关于移送《某新区房屋拆迁管理暂行办法》审查建议书的函的有关意见，《某新区房屋拆迁管理暂行办法》在集体土地上的房屋拆迁、拆迁许可的设定等方面存在与相关上位法不一致等问题，要求市政府结合规章清理工作，适时予以修改。2011 年 3 月，市政府结合规章清理，废止了《某新区房屋拆迁管理暂行办法》。

对规范性文件审查后的处理，当前还存在不同意见。主要有以下几种：

第一种意见认为，规范性文件是抽象行政行为，其危害性不比一般具体行政行为小，我们启动人民法院对规范性文件进行合法性审查的目的就是提升国家治理体系与治理能力现代化水平，这是法治化的要求和体现。如果经审查发现规范性文件不合法，根据现行政治架构，人民法院虽不能直接认定规范性文件的合法性，但通过法庭审理和制定机关的书面意见，针对具体被诉行政行为可适用撤销判决或者确认违法判决。前述判决结果的适用，在一定程度上也说明了该规范性文件在效力上存在的问题。针对该规范性文件的类似诉讼，在通过大数据进行分析和检索的情况下，人民法院和相对人可以直接了解该规范性文件所涉及的诉讼，人民法院也应当认定该判决对本案具有拘束力。这无形中会促进制定机关加快对该规范性文件的修改和完善。

第二种意见认为，人民法院对规范性文件的审查，表面上看审查的是规范性文件，实质审查的仍是被诉行政行为，如规范性文件存在不合法的情形，也只是针对本案作出的一种裁判，并不影响规范性文件效力的普遍性。这种看法有些保守，至少在目前来看，我们既要审查具体行政行为，同时也要对具体行政行为依据的文件进行审查。不审查行为无法找出行为的依据，不审查依据不能明确行为是否违法。在大陆法系国家，如法国，行政法院可以在诉讼中宣告条例等规范性文件对本案不适用，但是不能撤销条例等规范性文件，也不影响规范性文件的存在[1]。我国《行政诉讼法》第63条采用了人民法院不作为依据并提出处理建议的方案。

第三种意见认为，人民法院对规范性文件的审查，既是一种附带审查，也包含着合法性审查，即便现行法律规定，以法律法规为依据，以规章为参照，引用合法有效的规范性文件，但如果人民法院对规章没有相应审查权，便无法认定规范性文件的合法性。在发现地方性法规、规章之间相互冲突时，应当由有权机关作出裁决，人民法院根据裁决结果进行裁判[2]。

前述三种认识仍是建立在当前框架下，即司法服务于中国现代化的格局，司法判断权是宪法架构下的审判权的有效内容，有限的判断包括了可以适用或者不予适用的权力，但对裁判的合法性却只能作出有限判断，尽管该类判断具有较大的局限性，如不能对违法的规范性文件在裁判文书中予以评述，更不能直接宣布规范性文件无效。我们可以展望一下，未来随着司法公信力的提升和依法治国进程的加快，对规范性文件的审查力度和强度必然越来越强，这一点符合我国权力制约和权力分立的原理。其实，由法院直接撤销或者宣布不合法的规范性文件无效，并非主观上不能，有些规范性文件存在明显违背上位法的情形。只不过是在现行政治框架内，现行规定是立法机关作出的比较稳定的选择，但并非最好的选择，或许最好的选择仍需社会的进步，在智识资源上进一步加深认识。正如学者提出的："用宪法规定县级以上人大常委会有权撤销本级人民政府不适当的决定和命令，县级以上地方各级人民政府有权改变和撤销工作部门和下级人民政府不适当的决定，作为人民法院不宜直接判决撤销不合法的规范性文件的理由，并不充分。"[3]

---

〔1〕 王名扬：《法国行政法》，中国政法大学出版社1988年版，第150页。

〔2〕 姜明安：《重构不同等级规范性文件在行政诉讼中地位》，载《法制资讯》2014年第2期，第42页。

〔3〕 章剑生：《现代行政法总论》（第2版），法律出版社2019年版，第487页。

当然，在驳回诉讼请求的判决适用中，有些行政行为因没有进入法庭实质审查的管道，导致该行政行为依据的规范性文件也没能真正得到审查。规范性文件一并审查案件在进入二审程序后，如果二审法院发现原审法院对规范性文件的认定和审查存在错误，依据行政诉讼的有关规定进行纠偏，如果二审法院认为案件的处理结果正确，但对规范性文件的审查存在错误，二审法院也应该在裁判中予以说明，如在郑某琴诉浙江省温岭市人民政府土地行政批准案中〔1〕，二审法院认为一审法院对被审查规范性文件"对原告不予适用"的认定不适当，从而进行了说明并且指正，但规范性文件的分析并没有影响案件裁判结果的正确性。

2004年，国务院《关于印发全面推进依法行政实施纲要的通知》要求"建立和完善行政法规、规章修改、废止的工作制度和规章、规范性文件的定期清理制度"，〔2〕提出对规范性文件要进行定期清理。《行政处罚法》第15条规定，定期组织评估行政处罚的必要性，对不适当的行政处罚事项及种类、罚款数额等，应当提出修改或者废止的建议。该条规定作为立法后评估的重要条款，对规范性文件的清理起到了重要的借鉴作用，《法规、司法解释备案审查工作办法》《法规规章备案条例》对规范性文件的清理没有作出规定，这是《行政处罚法》对数量不断增长的规范性文件的现实回应。《法治政府建设实施纲要（2021-2025年）》要求，建立健全重大行政决策跟踪反馈制度。重大行政决策作出后，实施后要进行评估，评估结果作为重大行政决策是否进行调整的依据。未经评估和法定程序，重大行政决策不得随意废止，保持决策的连续性和稳定性，防止随意性拍板和随意性决策。该纲要同时还要求，建立健全重大行政决策终身责任追究制度和责任倒查机制。从清理主体上来看，主要是规章和规章以下规范性文件的制定主体。违法的必须清理，并且从一并审查而言，不只是针对合法性，对合理性存在问题的，也要审查和清理。

行政机关以外主体制定的规范性文件也完全可能被视为行政规范性文件，如社会自治组织的村规民约。可以根据文件的内容对规范性文件的性

---

〔1〕　浙江省台州市中级人民法院［2015］浙台行终字第186号。
〔2〕　2004年的国务院《关于印发全面推进依法行政实施纲要的通知》，较早提出了对规范性文件进行清理的要求。

质进行区分。有些行业协会或者自治组织发布的文件也有可能侵犯行政相对人的利益，人民法院在接到此类案件后，不能一概以规范性文件没有影响到行政相对人的利益为由驳回起诉或者规避合法性审查，而要从《行政诉讼法》的立法目的出发，结合规范性文件一并审查制度的精神，凭借司法实践中积累的经验，积极主动地展开对规范性文件一并审查的探索。

第六章

地方样本的比较考察

"我们生活在一个曲线的宇宙中,这里没有任何直线、平面、直角和垂直线。可是我们并不因为这一原因而放弃进行测量。"[1]规范性文件多如牛毛,但因关乎百姓权利和利益,不能因为纷繁复杂的规定而放弃对规范性文件的审查,相反,只有通过司法的力量,方能助推规范性文件治理的法治化和科学化。地方在推动行政规范性文件法治化工作上也在进行积极探索。如江苏省制定了《江苏省行政规范性文件管理规定》;安徽省启动了行政规范性文件的论证工作,制定了《安徽省行政规范性文件管理办法》。浙江省出台了《浙江省行政规范性文件管理办法》《浙江省行政合法性审查工作规定》,将各级人民政府和政府工作部门制定的行政规范性文件、重大行政决策、重大执法决定、行政协议等纳入合法性审查范围。除地方积极将行政规范性文件纳入合法性审查外,依照《立法法》的规定,地方人大和地方人民政府在立法扩容后,正在逐步加强备案审查工作。

一、地方人大常委会的备案审查

地方人大常委会的备案审查具体规定在各个省市由人大和常委会颁布的省级地方性法规之中,流程大致如下:

对于人大常委会之中对规范性文件备案审查的主体,有的省市的规定为人大常委会办公厅(室),有的规定为人大常委会中的法治委员会,也

---

〔1〕 [美] 罗斯科·庞德:《通过法律的社会控制》,沈宗灵译,商务印书馆 2010 年版,第65 页。

有的规定了具体的备案审查工作机构。

对于提交备案的规范性文件，又具体分为向本级人大常委会和上级人大常委会备案两种情况，各个省市的规定并不统一，但都要求自公布之日起30日内报送备案。规范性文件制定机关报送之后，有的省市对备案审查的工作主体规定了在制定机关提交文件之后完成审查工作的具体工作期限，如规定自收到备案文件之后15日内进行审查工作。

在审查流程方面，各地人大常委会对规范性文件的审查主要是被动审查模式，即按照《立法法》的规定，相关规范性文件应当根据规定进行备案。被动审查又可以分为法定主体提出的审查要求，以及相关机关和公民个人提出的审查建议，以山东省为例，对法定主体提出审查要求的，既可以是公民、法人和其他组织，也可以是人民政府或者法检部门。在备案审查机关听取上述主体的审查建议和审查要求之后，部分省市还对审查机关提出了反馈的要求，即在对规范性文件进行审查或者与制定机关沟通之后没有发现审查建议所提及的问题，则应当及时公布结果并向社会公众反馈。

实践中也出现了有些地方出台了地方性法规但未及时备案的问题。某省人大常委会为保护老年人权益制定了《关于加强老年人保健产品等消费领域消费者权益保护工作的决议》，其中第二部分第11项对经营者在发行单用途商业预付卡方面的违规行为设定了2万元以上10万元以下罚款的行政处罚。该决议由省人大常委会作出，属于具有地方性法规性质的决议，其中对公民、法人权利义务的规定和设定的行政处罚未超越地方性法规的立法权限。但是该决议并未按照备案程序进行备案，违反了法定程序。经全国人大法制委员会法规备案审查室沟通，该省人大常委会已将该决议向全国人大常委会报送备案[1]。东部某省份颁布了《某省实施〈中华人民共和国全国人民代表大会和地方各级人民代表大会代表法〉办法》，该办法第23条第3款规定，本级人民代表大会常务委员会闭会期间，在紧急情况下，如果确需对县级以上的地方各级人大代表采取逮捕或者刑事审判以

---

〔1〕 全国人大常委会法制工作委员会法规备案审查室编著：《规范性文件备案审查案例选编》，中国民主法制出版社2020年版，第47页。

及法律规定的其他限制人身自由措施时，可以由主任会议决定许可，报人民代表大会常务委员会下一次会议确认。法制工作委员会收到审查建议后认为，1989年和1994年答复有关地方人大常委会法律询问时曾表示，代表因为是现行犯被拘留的，应报告该级人大常委会，如果代表因为是现行犯必须逮捕而又不能及时召开常委会的，可适用前述规定程序。该答复内容主要针对代表因现行犯被拘留后，因拘留期限已满必须逮捕，而又不能及时召开常委会的情况，并不能将该答复的适用对象扩大至非现行犯，也不能将适用范围扩大至刑事审判以及采取法律规定的其他限制人身自由的措施。该办法第23条第3款的规定将主任会议决定许可的条件放宽为"确需对县级以上的地方各级人大代表采取逮捕或者刑事审判以及法律规定的其他限制人身自由措施"，不符合代表法的规定，应当予以纠正。

对规范性文件的审查标准，各地的规定也有详有略，但是大体涉及的内容如下：其一，是否超越法律规定的制定机关的职权；其二，是否限制或剥夺公民、法人或其他组织的合法权益；其三，是否与上位法律或行政法规相抵触；其四，是否与社会发展的实际情况不符；其五，是否与党和中央确立的重大决策部署或改革方向不符；其六，是否不符合制定文件的法定程序等。

针对制定主体是否超越法律规定的职权，主要看上位法是否授予制定主体相应的权力。内蒙古自治区某市人大常委会对《某市最低生活保障对象认定办法》进行了审查。审查发现，该办法将低保申请人及其家庭成员的信用、社会责任承担和行政复议、诉讼权利行使作为申请和享受低保的限制条件，与国家、自治区的有关规定不一致。经过某市人大常委会督办，某市政府于2017年制定了关于该市最低生活保障对象认定办法有关问题的补充通知，依法细化了户籍、劳动能力、家庭收入、家庭财产的认定标准，明确该办法上述条款不再执行。

在依据审查标准进行审查之后，如发现问题，制定机关可以先与审查备案工作机构就修改条款达成意见或者建议，如果制定机关能够及时反馈并且进行改正则并不需要提出正式的书面意见，部分省市为制定机关针对上述纠正意见的反馈规定了时间限制，这也是一种督促的方式。在备案工作机关提出正式书面意见之后，制定机关则需研究书面意见并提出是否需要修改、废止的意见，并及时向备案工作机关反馈。如果制定机关及时反馈，则也需对修改后的规范性文件重新发文或者公布，并按照规定备案；除此之外，如果制定机关并不配合，对规范性文件不予修改或撤销，则由工作机构提请常委会会议，审议决定是否撤销该规范性文件。在审查中发现规范性文件确有错误的，应当通过审判监督程序予以纠正。

人大常委会对于规范性文件的备案审查也制定了相应的监督和保障机制，如对于不报、漏报或报送材料不齐全的处理，一是责令限期报送，并且对逾期不报的予以通报批评；二是追究直接责任人员的责任，如给予行政处分。将审查备案结果向社会公布，也是监督的一种方式。很多地区还规定了审查工作专家咨询制度，提升备案审查的科学化和民主化水平，顺应数字化时代的要求积极搭建信息化平台，这也是提高监督效率的方式。

二、地方人民政府的备案审查

对于备案问题，行政机关有自己的备案程序，人民法院也主动为自身增加了备案义务。《行政诉讼法司法解释》第 150 条规定，人民法院作出的生效裁判文书中，认为规范性文件不合法的，需要建立备案制度，原则上向上一级法院备案。为了确保备案的正确性和客观性，该条同时确认了，根据不同主体制定的规范性文件，需要层报最高人民法院和高级人民法院。我们认为，人民法院在裁判生效后的备案还不同于在行政系统内的备案，行政系统内的备案侧重直接纠错，确保行政管理的效能，在提升行政管理水平和实效的基础上对规范性文件进行审查备案，保持行政管理的一致性和高效性。人民法院对生效裁判的备案，主要是作出生效裁判的法院作为备案发动主体，向上一级法院备案，一是为了确保裁判的统一性，确保司法裁判的权威；二是为了与行政机关就规范性文件实施效果及其合法性通过案件向制定主体及其上级机关呈现，本质是通过监督的手段提升规范性文件的治理水平。此外，人民法院在审判系统内，还要与地方政府进行有效沟通，就社会治理、营商环境和争议化解等问题研究探讨解决办法，逐层备案符合现有审判行政管理体制，确保系统内在适用法律上的一致性。

在省级政府制定的省级政府规章中，规定的行使备案审查权的主体，主要为上一级人民政府、本级人民政府和上一级主管部门三种，以各级政府的法制部门具体负责为主，法制部门除需要执行规范性文件的备案审查工作之外，还需要在本级政府部门的规范性文件公布之前，起到审查把关的作用，即事前审查。各省级政府规章中，也对规范性文件公布之后的报送时间作出了相应规定，主要是"公布之日起 30 日内"或"公布之日起 15 日内"，针对不同类型的文件，向本级人民政府和上一级人民政府备案。

针对审查的具体方式，与人大常委会的审查流程相似，分为主动审查和被动审查两类。大多数省份都对被动审查作出了规定，如山东省"公民、法人或其他组织认为规章、规范性文件存在下列情形之一的，可以提出建议审查申请……"；对于主动审查则规定了更大篇幅，主动审查的标准依据为 2001 年公布、2017 年修订的《规章制定程序条例》，各个省市在此基础上进行了相应的润色和完善。对地方制定的规范性文件是否违反法律、法规、规章规定的职权范围，是否与上位法相抵触，程序是否符合法定等，这些与人大常委会的备案审查标准类似，但是有一点不同之处是，政府的审查工作的主要内容应该包括制定主体制定的权限，其不能突破现有权限来制定规范性文件；同时要审查制定的规范性文件的内容，在内容上规范性文件不得与法律、法规、规章和上位规范性文件相抵触；另外还要审查在制定程序上是否遵循了合法的制定程序等。政府工作部门对规范性文件的备案审查与人大常委会备案审查不同，人民政府对规范性文件直接予以改变和撤销是较重的处理方式，如果没有违法或不合理的情况，则当然应准予备案并且公布。对于在备案中发现的问题规范性文件，备案审查机关提出审查建议后，由制定机关在规定期限内自行修改和纠正，并且向备案审查工作机关进行反馈，如果出现制定机关拒不修改或不予纠正的情况，才需要相应人民政府直接修改和撤销。

同样，人民政府的备案审查工作也有监督和保障机制，对于制定机关的报备不符合要求，或者不执行审查处理决定的情况，备案审查机关应当通知制定机关限期改正，逾期不改正的，制定机关还可能受到通报或者对直接主管人员和直接责任人员的行政处分。除此之外，部分省市还规定了备案审查机构的责任，如湖南省的规定，在备案审查机构不履行规范性文件审查处理职责时，上级或者本级政府法制部门应当责令其限期审查处理，必要时可以直接审查处理；且不履行规范性文件审查职责或对审查发现的错误不予纠正的，可以对直接负责的主管人员和其他直接责任人员进行责任追究[1]。在责任追究上，也可以参照地方有关重大行政决策的相关规定，如在重大决策中违规导致重大失误、重大损失和恶劣影响的，应当实行责任倒查和追究，责任追究的终身制倒逼重大决策的参与者和决定者严格依法依规履职，对提高决策的民主性和科学性意义重大，规范性文件的追责可以借鉴[2]。

三、地方人大常委会与地方人民政府备案审查的异同

人大常委会的备案审查和地方政府的备案审查存在较大不同。权力机关更多关注合法性问题，而地方政府在备案审查中更为关注合理性的审查，包括行政行为的方式等都会成为行政机关备案审查的重点。有学者建议，未来应当由国务院依照《行政法规制定程序条例》《规章制定程序条例》对行政规范性文件的制定主体、制定程序、监督及问责等方面作出规定[3]。

（一）二者的区别

（1）二者的备案审查主体不同，地方人大常委会进行备案审查的工作主体是人大常委会中的工作部门，仍然为地方权力机关中的一部分；地方政府的备案审查的工作主体是政府的工作部门，是行政机关。

（2）二者审查标准不同，地方政府的备案审查多了对于规范性文件的协调性审查，即需要审查规范性文件和相关其他部门的、上下级之间的规范性文件，相关法律、规章是否协调一致，如果有不一致的则需研究是否需要改变或撤销一方或者多方的规定。

（3）审查备案机构的职权不同，政府的备案审查工作机构可以直接提请相应级别的人民政府直接修改或撤销；人大常委会的备案审查部门没有此职权，只能提出书面建议要求制定机关进行纠正、撤销并要求其反馈。

---

〔1〕 参见《湖南省规范性文件管理办法》第23条。
〔2〕 参见《青岛市重大行政决策程序规定》第51条。
〔3〕 曹鎏：《新时代行政规范性文件的法治之路》，载《中国司法》2019年第3期，第43页。

（4）对法律责任的追究不同，人大常委会的备案审查工作中，只能对制定机关不报备或不纠正的行为进行通报或者追究主管人员或直接责任人员的责任；但是在地方政府的备案审查过程中，有部分地区的法律法规对于备案审查机关不能合法履职的行为，规定可以追究直接负责的主管人员和其他直接负责人员的责任。

（二）二者的相同点

（1）二者在法规的备案审查过程中都有备案审查工作机关与制定机关的沟通过程，在整个过程中有双方的意见交流，是一个提出意见收到反馈，再提出意见再收到反馈的循环过程。

（2）在备案审查过程中都有公众参与环节，备案审查机构都可以根据其他部门或者公众提出的意见进行被动审查。

（3）在部分省市相关的地方性法规和规章中出现了电子信息平台的搭建的提倡，这是利用新技术来推进备案审查效率提升的体现。

四、近三年各级人民法院的司法审查趋向

对行政规范性文件的一并审查，各地在认识和处理方式上存在差异，审查范围、强度力度和审查方式均存在较大差别。我们选取了一些较为典型的案件，包括在地方有一定影响力的案件，就各级法院是否审查、不予审查的理由、审查是否合法、说理等字段进行了分析。

案例及案号	是否审查	不予审查的理由	审查是否合法	说理
北京市高级人民法院〔2021〕京行终 9805 号殷某诉司法部撤销行政许可决定及行政复议二审行政判决书	否	不是规范性文件	/	殷某请求审查《国家司法考试违纪行为处理办法》第 5 条，对规范性文件展开的审查主要是合法性审查，并不包括规章，而《国家司法考试违纪行为处理办法》属于规章性质，因此，殷某无权以提出诉讼请求的方式要求人民法院对上述规章进行审查。

案例及案号	是否审查	不予审查的理由	审查是否合法	说理
北京市高级人民法院〔2020〕京行申1555号徐某祯诉北京市怀柔区住房和城乡建设委员会房屋拆迁许可证延期再审行政裁定书	否	一审前未提出	/	本案中，原审法院认定凤翔公司系按照《行政许可法》的规定在期限届满30日前向怀柔住建委提交延期申请，故未依徐某祯提出的请求对前述条款予以审查，并无不当。
天津市高级人民法院〔2021〕津行申220号万某华诉天津市蓟州区州河湾镇人民政府撤销行政协议再审行政裁定书	否	不是规范性文件	/	法院认为，依据《行政诉讼法》第13条第2项、《行政诉讼法》第53条第1款以及最高人民法院《关于适用〈中华人民共和国行政诉讼法〉的解释》第2条第2款的规定，两审法院认为涉案《蓟县新城规划区占地村及于桥水库库区村搬迁补偿办法》《蓟县新城规划区占地村及于桥水库库区村搬迁村民安置办法》不属于规范性文件，驳回再审申请人一并审查《蓟县新城规划区占地村及于桥水库库区村搬迁补偿办法》《蓟县新城规划区占地村及于桥水库库区村搬迁村民安置办法》合法性的诉讼请求，并无不妥。
天津市高级人民法院〔2021〕津行申200号郭某雄诉天津市人力资源和社会保障局不履行法定职责再审行政裁定书	否	不是受案范围	/	对于企业职工基本养老保险参保人员的退休资格审核和养老金标准核定是由区县人力资源和社会保障行政部门负责。被申请人作为市级劳动保障行政部门，不具有负责退休资格审核和基本养老金标准核定的职责。故，再审申请人以市人社局为被告提起本案诉讼，不符合起诉条件。再审申请人要求被申请人制定相应政策，以落实在津退休的援藏人员符合国办发〔1982〕36号文件精神的

案例及案号	是否审查	不予审查的理由	审查是否合法	说理
				退休待遇问题，亦不属于人民法院行政诉讼的受案范围。
北京市高级人民法院〔2021〕京行申353号徐某祯诉北京市怀柔区住房和城乡建设委员会房屋拆迁许可再审行政裁定书	否	不是规范性文件	/	本案中，徐某祯申请审查的《北京市集体土地房屋拆迁管理办法》属于地方政府规章，不属于规范性文件附带审查范围。被诉拆迁许可延期行为并未依据《北京市集体土地房屋拆迁管理办法实施意见》第13条作出，故该条规定亦不属于审查范围。
四川省高级人民法院〔2020〕川行终2493号鲜某诉渠县人民政府不予受理行政复议二审行政判决书	否	不是依据	/	法院认为，提起规范性文件的审查需符合"附带性"的原则。被诉行政行为所依据的规范性文件能否进入审查范围，很重要的前提是，该行为是不是依据规范性文件作出。本案被诉行政行为系渠县人民政府作出的不予受理行政复议行为，并未依据上述两个规范性文件作出，不符合附带审查条件，法院不予支持。
贵州省高级人民法院〔2021〕黔行终187号杨某珍、姜某其诉贵阳市乌当区人民政府、贵阳市乌当区民委员会确认行政协议无效二审行政判决书	否	不是规范性文件	/	至于杨某珍、姜某其起诉附带审查99号公告、19号通知、203号请示、96号批复等文件是否合法的问题。一方面，99号公告、19号通知并无明显违法情形，且当事人签订2017年补偿协议，系双方合意结果，并无不妥。另一方面，203号请示、96号批复不属于《行政诉讼法》第53条所规定的附带审查规范性文件范围，不予审查。

案例及案号	是否审查	不予审查的理由	审查是否合法	说理
江苏省高级人民法院〔2020〕苏行申2458号扬州市南区机动车检测有限公司诉扬州市市场监督管理局罚款及江苏省市场监督管理局行政复议再审行政裁定书	是		合法	本案中，扬州市物价局制定的收费标准与国家发展改革委、财政部发改价格〔2004〕2831号《关于加强和规范机动车牌证工本费等收费标准管理有关问题的通知》不抵触，据此，江苏省原物价局、扬州市原物价局具有制定苏价费〔2009〕248号文、扬价费〔2009〕177号文、苏价费〔2015〕325号文的法定职权，该三份文件规定的收费标准不与上位法的规定相抵触，亦未违法增加公民、法人和其他组织义务或者减损公民、法人和其他组织合法权益。原审中由扬州市监局提交并由申请人当庭质证予以认可的申请人现场收费公示照片亦能证明申请人将相关文件作为收费依据对外公开。故原审判决对上述三份文件的合法性予以确认，并无不当。
山东省高级人民法院〔2021〕鲁行终664号杨某军、山东省人民政府二审行政裁定书	否	不是依据	/	根据《行政诉讼法》第53条，本案中，鲁政办发〔2001〕66号文件是被告〔2020〕第917号政府信息公开告知所指涉的政府信息，不是被告作出上述政府信息公开告知和鲁政复决字〔2020〕684号行政复议决定所依据的规范性文件。杨某军无权一并请求对鲁政办发〔2001〕66号进行审查。
北京市高级人民法院〔2021〕京行终2576号赵某生诉北京市朝阳区人民政府不履行行政补偿职责二审行政裁定书	否	不是受案范围	/	关于赵某生在诉讼中请求一审法院发对《崔各庄乡黑桥村、南皋村棚户区改造住宅房屋腾退补偿安置办法》和《崔各庄乡黑桥村、南皋村棚户区改造住宅腾退补偿安置办法实施细则》的合法性进行一并审查的问题，由于赵某生的起诉不符合法定条件，且赵某生请

续表

案例及案号	是否审查	不予审查的理由	审查是否合法	说理
				求一并审查的上述文件并非《行政诉讼法》第53条所规定的可以一并审查的规范性文件。
北京市高级人民法院〔2021〕京行终2575号宋某寺诉北京市朝阳区人民政府不履行行政补偿职责二审行政裁定书	否	不是受案范围	/	关于宋某寺在诉讼中请求一审法院发对《崔各庄乡黑桥村、南皋村棚户区改造住宅房屋腾退补偿安置办法》和《崔各庄乡黑桥村、南皋村棚户区改造住宅房屋腾退补偿安置办法实施细则》的合法性进行一并审查的问题，由于宋某寺的起诉不符合法定条件，且宋某寺请求一并审查的上述文件并非《行政诉讼法》第53条所规定的可以一并审查的规范性文件。
上海市高级人民法院〔2021〕沪行终109号孟某英、金某诉上海市长宁区人民政府、上海市人民政府房屋征收补偿决定二审行政判决书	否	不是规范性文件	/	实施细则是由市政府制定的地方政府规章，孟某英、金某要求对该实施细则第42条进行附带性审查，缺乏法律依据。
贵州省高级人民法院〔2020〕黔行终1080号张某诉威宁彝族回族苗族自治县房屋及土地征收与补偿管理办公室二审行政判决书	是		合法	根据《威宁自治县中心城区国有土地上房屋征收与补偿安置办法（试行）》第2条"县城中心城区国有土地上房屋征收补偿安置工作，按本办法执行"之规定，威宁县城中心城区国有土地上房屋征收补偿安置工作均适用该办法。该办法具体涉及征收决定、征收补偿安置、争议解决办法、相关法律责任等内容，系威宁县政府为规范该中心城区国有土地上房屋征收与补偿安置活动而制定的规范性文件，法院依法进行审查。原告在庭审中只对该办法第34条、

案例及案号	是否审查	不予审查的理由	审查是否合法	说理
				第 35 条提出具体违法意见，该办法第 34 条规定的是出现纠纷的解决办法，并未涉及征收的安置补偿问题，对安置补偿问题该办法另有条款规定，故原告认为该条违法的意见，法院不予支持。原告认为该办法第 35 条"行政复议的期限为 60 日，行政诉讼期限为 6 个月，从作出具体行政行为之日起起算"违反了《行政诉讼法》第 46 条起诉期间的规定。该办法第 35 条只是表述不完整，不存在违法。在行政复议、诉讼中对复议期限、起诉期限的认定由行政复议机关、审判机关依据行政复议法、行政诉讼法等的规定进行审查。原告认为该规定违法的理由法院不予支持。威宁县政府根据《城乡规划法》《土地管理法》《城市房地产管理法》《物权法》《国有土地上房屋征收与补偿条例》《国有土地上房屋征收评估办法》《贵州省城乡规划条例》《贵州省国有土地上房屋征收停产停业损失补偿指导意见》《贵州省国有土地上房屋征收与补偿指导意见》等制定了《威宁自治县中心城区国有土地上房屋征收与补偿安置办法（试行）》，属有权机关制定的规范性文件，该办法由威宁县政府于 2016 年 5 月 17 日印发威宁自治县各乡镇人民政府（办事处）、县政府有关部门遵照执行，2016 年 5 月 18 日，威宁自治县政府办公室在威宁县信息公开网站上公布。原告认为该办法违法的理由无事实和法律依据，法院不予支持。

案例及案号	是否审查	不予审查的理由	审查是否合法	说理
广东省高级人民法院［2019］粤行终 1584 号梁某友、林某文、林某斌、林某阳诉肇庆市端州区人民政府房屋征收补偿决定二审行政判决书	否	不是规范性文件	/	本案中，被告端州区政府根据涉案《房屋征收决定公告》《房屋征收决定》对涉案征收房屋作出征收决定。规范性文件是一种抽象行政行为，是面对不特定对象可以反复适用的规则。这一特性意味着规范性文件具有广泛的适用性，涉及面宽、影响面广。经审查，涉案《房屋征收决定公告》《房屋征收决定》均明确了征收范围为："按照项目建设需要分期实施，肇庆府城保护与复兴项目房屋征收范围（二期）内的土地和地上建筑物及其附属物。"该份征收决定明确了具体的征收范围，并非针对不特定主体反复适用的规范性文件，因而针对涉案《房屋征收决定公告》《房屋征收决定》的合法性不予一并审查。
江苏省高级人民法院［2020］苏行终 58 号陈某诉常州市人民政府、江苏省人民政府行政监督、行政复议二审行政裁定书	否	不是依据	/	关于陈某请求对暂行办法予以审查的诉讼主张，因暂行办法并非作出《5 号告知书》所依据的规范性文件，故不符合《行政诉讼法》第 53 条规定的关于一并审查规范性文件的前提条件，不应在本案中进行审理。
黑龙江省高级人民法院［2021］黑行终 120 号王某秋诉哈尔滨市人民政府政府信息公开二审行政裁定书	否	不是受案范围	/	可见，在行政诉讼中，对规范性文件的合法性审查应当依附于案涉行政行为的审理。本案中，哈尔滨市政府作出《152-4 号答复函》并非依据上述两份通知。因此，王某秋关于附带审查两份通知合法性的诉讼请求亦不属于人民法院行政诉讼受案范围。

案例及案号	是否审查	不予审查的理由	审查是否合法	说理
江苏省高级人民法院〔2020〕苏行终841号陶某与江苏省住房和城乡建设厅、住房和城乡建设部行政复议二审行政裁定书	否	不是受案范围	/	对此原审法院认为，本案系陶某针对省住建厅的举报处理行为所提起的诉讼，该行为不属于可诉的行政行为，17号通知也并非省住建厅作出被诉行为的依据，故不符合一并审查规范性文件的条件。同时，所谓规范性文件，一般是指行政机关针对不特定对象制定并公开公布、在一定期限内能够反复适用、具有普遍约束力的决定、命令。本案中，17号通知系张家港市政府向其下级行政机关作出，属行政机关内部就开展房屋拆迁工作的通知性文件，该通知本身亦不属于规范性文件的范畴，故原审法院依法不予一并审查。
江苏省高级人民法院〔2020〕苏行申1117号杨某俊诉海安市人力资源和社会保障局基本养老保险资格认定及规范性文件审查再审行政裁定书	否	不是规范性文件	/	因本案所涉69号文和156号文均属党委和政府联合发布的文件，原审法院认为上述文件并非《行政诉讼法》第53条第1款所规定的规范性文件，依法不属于一并审查的范围，并无不当。
北京市高级人民法院〔2020〕京行申1267号尤某华、谢某芝诉北京市昌平区十三陵镇人民政府、北京市昌平区人民政府行政答复及行政复议再审行政裁定书	否	不是依据	/	法院认为，根据《行政诉讼法》第53条第1款的规定，本案中，昌政发〔2010〕27号文、昌政发〔2011〕4号文并非十三陵镇政府作出被诉答复的法律依据，一、二审法院的认定意见，并无不当。

续表

案例及案号	是否审查	不予审查的理由	审查是否合法	说理
河南省高级人民法院〔2021〕豫行终 398 号张某学诉河南省人民政府、河南省见义勇为评定委员会履行评定职责二审行政判决书	否	不是规范性文件	/	关于张某学请求审查《国家功勋荣誉表彰条例》的问题。该条例并不属于《行政诉讼法》第 53 条规定的规范性文件的范围，故不予审查。
陕西省高级人民法院〔2021〕陕行终 208、209、210、211、212、213、217、218、219、220、221 号刘某莲等诉宝鸡市渭滨区人民政府房屋征收补偿及规范性文件审查二审行政判决书（类案共 11 件）	否	不是依据	/	根据《土地管理法实施条例》第 25 条第 3 款的规定，"对补偿标准有争议的，由县级以上地方人民政府协调；协调不成的，由批准征收土地的人民政府裁决"。因此，该补偿安置办法系补偿标准的载体，并不属于《行政诉讼法》第 53 条规定的人民法院可附带审查的规范性文件，原告可依照土地管理法等法律法规和规章寻求救济渠道。而且，被诉的《征收补偿安置决定》已被撤销，上诉人可在以后的行政补偿或赔偿案件中寻求救济。
新疆维吾尔自治区高级人民法院〔2021〕新行终 6 号李某茹等诉察布查尔锡伯自治县自然资源局、察布查尔锡伯自治县人民政府继续履行国有土地使用权租赁合同、行政赔偿及规范性文件审查二审行政判决书	否	不是依据	/	本案中，察县自然资源局并非依据察政办〔2012〕7 号、察政通告字〔2012〕1 号、2 号文件解除案涉《国有土地使用权租赁合同》，故上述文件不符合行政诉讼规定的规范性文件的审查前提，原审法院不予审查并无不当。

案例及案号	是否审查	不予审查的理由	审查是否合法	说理
上海市高级人民法院〔2021〕沪行终12号王某仙诉上海市黄浦区人民政府征收决定二审行政判决书	否	不是规范性文件	/	关于王某仙提出的对规范性文件一并审查的请求，沪建交联〔2012〕348号文是行政机关内部相关工作流程的规定，不直接对外发生效力，沪府办〔2012〕75号文是关于土地储备机构参与旧区改造的相关规定，而本案为房屋征收决定案件，故以上两规定均不属于本案一并审查的范围；实施细则系地方政府发布的规章，不是《行政诉讼法》第53条规定的可一并进行审查的其他规范性文件。王某仙提出的规范性文件一并审查请求，不予支持。
江苏省高级人民法院〔2020〕苏行终1325、1333、1335号钱某贵诉江苏省自然资源厅行政复议二审行政判决书（类案共计3件）	否	不是依据	/	省自然资源厅作出的被诉28号《驳回复议申请决定书》系依据《行政复议法》第6条和《行政复议法实施条例》第28条第1款第5项和第48条第1款第2项等，只是程序审查，并不是维持市规划资源局作出的364号《注销登记公告》，亦未以南京市人民政府作出的宁政复〔2014〕14号《批复》为依据，故钱某贵一并提起的规范性文件审查不符合法律规定，法院不予审查。市规划资源局并非被告，364号《注销登记公告》是否合法不属本案审查范围，原审法院未审查364号《注销登记公告》的合法性并无不当。
四川省高级人民法院〔2020〕川行终629号冯某娜诉四川省人民政府行政监察（监察）二审行政判决书	否	不是依据	/	本案中，冯某娜要求对省政府作出案涉五份批复所依据的规范性文件的合法性予以审查，但冯某娜所诉行政行为为124号不予受理决定，该不予受理决定所依据的是《行政复议法》第17条第1款、

案例及案号	是否审查	不予审查的理由	审查是否合法	说理
				《行政复议法实施条例》第28条第2项，而非冯某娜申请审查的规范性文件。据此，冯某娜提出对案涉五份批复所依据的规范性文件进行合法性审查，不符合《行政诉讼法》第53条第1款的规定，不属于本案的审查范围。
辽宁省高级人民法院［2021］辽行终68号凤城市福足万源矿业有限公司诉凤城市人民政府二审行政裁定书	否	不是受案范围	/	关于本案是否应当审查辽宁省人民政府《关于做好煤炭行业淘汰落后产能工作的通知》（辽政密电［2017］2号）合法性的问题，审查被诉行政行为所依据的规范性文件合法性的前提是法院受理了上诉人的起诉，可以对被诉行政行为进行合法性审查时才能对被诉行政行为依据的规范性文件进行审查，本案由于上诉人的起诉超过法定起诉期限，一审法院对辽宁省人民政府《关于做好煤炭行业淘汰落后产能工作的通知》（辽政密电［2017］2号）的合法性不予审查并无不当。上诉人该项上诉请求，法院不予支持。
北京市高级人民法院［2020］京行终7569号张某友诉北京市密云区人民政府二审行政裁定书	否	不是受案范围	/	根据《行政诉讼法》第53条，因张某友所提履责申请不属于密云区政府权限范围，对于其一并提出审查规范性文件的请求，予以驳回。
北京市高级人民法院［2020］京行终7156、7818、7830号北京利宏达养殖场诉北京市密云区人民政	否	不是规范性文件	/	关于第一个争议焦点，规范性文件的特点在于具有普遍约束力，本案中，62号通知系密云区政府针对密云区禁养区内畜禽规模养殖场整治工作制定的实施方案，其具有针对具体事项的性质。62

续表

案例及案号	是否审查	不予审查的理由	审查是否合法	说理
府二审行政判决书（类案共计 3 件）				号通知涉及的相对人为"禁养区内畜禽规模养殖场（小区）183 家"，并在其附件明确载明了所涉及的 183 家养殖场（小区）名单，其属于针对特定的群体。因此，62 号通知应属于具体行政行为，不属于本案中可予一并审查的规范性文件。故，利宏达养殖场关于本案中应一并审查 62 号通知的主张，法院不予支持。另，62 号通知作为具体行政行为，未经依法撤销或确认前，即应推定其为合法有效。其在本案中，仅作为密云区政府作出赔偿依据的证据予以审查。如利宏达养殖场对 62 号通知的合法性有异议，可另行依法提出对 62 号通知合法性进行审查的请求。故关于 62 号通知具体内容的合法性问题，亦不属于本案的审查范围。
浙江省高级人民法院［2020］浙行终 2044 号陈某诉嘉善县人民政府行政征收二审行政裁定书	否	不是受案范围	/	法院认为，根据《行政诉讼法》第 53 条第 1 款，现上诉人单独就对规范性文件的合法性进行审查于法无据，陈某的起诉不符合行政诉讼的起诉条件，原审裁定不予立案，并无不当。
广东省高级人民法院［2020］粤行终 1819、1820 号谢某强诉梅州市梅县区人民政府二审行政判决书（类案共计 2 件）	否	不是依据	/	原告的上述请求除《梅县区房屋征收与补偿暂行办法》属于规范性文件外，其余均不属于规范性文件，根据《行政诉讼法》第 53 条定的规定，原告本案所诉的行政行为是被告作出的涉案《房屋征收补偿决定书》，该行政行为并未依据《梅县区房屋征收与补偿暂行办法》，因此，《梅县区房屋征收与补偿暂行办法》不是本案

案例及案号	是否审查	不予审查的理由	审查是否合法	说理
				行政行为所依据的规范性文件，不属于本案审查的范围，该项诉讼请求依法不予支持。
四川省成都市中级人民法院〔2019〕川01行初105号成都市温江区公平街道太极村村民委员会第六村民小组诉成都市温江区人民政府行政复议一审行政判决书	否	不是依据	/	关于原告太极村第六村民小组请求审查被告作出复议决定所称的12号批复合法性问题。根据《行政诉讼法》第53条的规定，本案中，12号批复不是被告温江区政府作出复议决定所依据的规范性文件，故法院对其不予审查。
河南省高级人民法院〔2021〕豫行终5号郑州市体立方体育健身俱乐部诉郑州市人民政府体育行政管理（体育）二审行政裁定书	否	不是受案范围	/	本案中，体立方俱乐部针对2018年7月31日郑州市人民政府《关于郑州市体育局申请航海体育场国有土地使用权转让的批复》提起本案诉讼，但其提交的证据不能证明其对涉诉土地享有权利，不具备与被诉行政行为之间的法律上的利害关系。体立方俱乐部不具备针对本案被诉行政行为提起诉讼的原告主体资格，应当裁定驳回起诉。
安徽省高级人民法院〔2021〕皖行申14、26号李某峰诉太和县城关镇人民政府房屋强制拆除及行政赔偿再审行政裁定书（类案共计2件）	否	不是规范性文件	/	李某峰提出一并审查太和县人民政府《征收土地方案公告》（太政地〔2014〕48号）及《太和县国土资源局征地补偿安置方案公告》（太国土资〔2014〕133号）的合法性，但上述公告不属于《行政诉讼法》第53条所规定的规范性文件，一审法院对此未予审查并无不当。

案例及案号	是否审查	不予审查的理由	审查是否合法	说理
北京市高级人民法院［2020］京行申 898 号铂隆（北京）停车管理有限责任公司诉北京市门头沟区城市管理委员会行政补偿再审行政裁定书	否	一审前未提出	/	本案中若铂隆公司对 20 号文的合法性有异议，应在提起本案之诉时一并请求对 20 号文进行审查。但铂隆公司并未在提起本案之诉时，一并请求对 20 号文进行审查。故其提出的原审法院未对 20 号文进行审查，因此门头沟区城管委依据 20 号文解除协议属于法律依据适用错误的主张，法院无法支持。
海南省第一中级人民法院［2021］琼 96 行终 373 号陵水黎族自治县优质特色产品推广协会诉陵水黎族自治县农业农村局行政奖励行政二审行政判决书	是		合法	（1）关于陵府办规［2020］2 号办法是否属于规范性文件的问题，陵府办规［2020］2 号《办法》系针对不特定对象作出的面向未来的一般性调整，具有可反复适用性和普遍约束性的特征，符合国务院办公厅《关于加强行政规范性文件制定和监督管理工作的通知》对行政规范性文件的定义，属于规范性文件。（2）关于陵水县政府作出的陵府办规［2020］2 号办法是否应在本案中一并审查的问题，根据《行政诉讼法》第 53 条，如果规范性文件不是行政机关行政行为的依据，人民法院将不予审查。本案中，上诉人的诉讼请求系请求陵水县农业农村局履行向其发放 2019 年度奖励金的职责。陵水县农业农村局认为上诉人的申请不符合陵府办规［2020］2 号办法的规定，不予向上诉人支付 2019 年度的奖励资金。（3）关于陵水县政府作出的陵府办规［2020］2 号办法是否违反海南省政府制定的琼府［2013］70 号意见的问题。首先，

续表

案例及案号	是否审查	不予审查的理由	审查是否合法	说理
				琼府〔2013〕70号意见属于海南省政府制定的规范性文件，该意见对于完善奖励机制的规定为"各市县政府要结合实际，对本市县品牌创建工作突出的单位和个人，给予适当奖励"。该条款并未强制性要求各市县政府每年度必须对本市县品牌创建工作突出的单位和个人给予奖励。
辽宁省大连市中级人民法院〔2021〕辽02行终282号徐某华诉大连市公安局交通警察支队沙河口大队、大连市公安局交通警察支队撤销行政强制措施二审行政判决书	否	不是依据	/	根据《行政诉讼法》第53条，GB 7258-2017《机动车运行安全技术条件》为技术标准，不属于法院审查范围。
北京市第一中级人民法院〔2021〕京01行终362号朱某华等诉北京市司法局等行政答复及行政复议二审行政判决书	否	不是规范性文件	/	朱某华上诉主张的要求审查的参考文献均不是被诉投诉答复及76号复议决定作出所依据的规范性文件，故一审法院认为其不符合一并请求审查的前提条件并无不当，朱某华的该项上诉主张无事实和法律依据，法院不予支持。
广东省梅州市中级人民法院〔2021〕粤14行终28号廖某水诉梅州市人民政府、	否	一审前未提出	/	上诉人在上诉时请求法院对梅市府办〔2011〕50号《关于印发梅州市人民政府行政复议委员会试点工作方案的通知》等文件进行合法性审查，经查上诉人在一

续表

案例及案号	是否审查	不予审查的理由	审查是否合法	说理
梅州市住房和城乡建设局确认强制拆除行为违法及行政复议纠纷二审行政判决书				审时并未提出该项诉请，该项诉请属于二审新增加的诉讼请求，法院不予审查。
北京市第三中级人民法院〔2021〕京03行终454号杜某军诉北京市西城区房屋管理局等不履行法定职责二审行政裁定书	否	不是受案范围	/	杜某军不具备提起本案履责之诉的原告诉讼主体资格。另，根据《行政诉讼法》第53条、最高人民法院《关于适用〈中华人民共和国行政诉讼法〉的解释》第145条之规定，杜某军一并请求审查《群力项目周边院落居民解危排险工作实施方案》合法性亦不符合法定条件。综上，杜某军所提本案诉讼不符合法定起诉条件，一审法院裁定驳回其起诉并无不当，法院予以维持。
辽宁省葫芦岛市中级人民法院〔2021〕辽14行终74号孔某艳诉葫芦岛市公安局连山分局行政处罚决定二审行政判决书	否	不是依据	/	本案中，被诉行政行为是连山分局作出的葫公连（治）行罚决字〔2019〕492号行政处罚决定，连山分局并未适用葫连政地〔2019〕10号《关于葫芦岛市东部垃圾焚烧发电综合处理厂生活垃圾焚烧发电项目工程地质勘察临时用地的批复》对孔某艳作出行政处罚，不属于上述法律规定的一并请求审查的对象。对于孔某艳该上诉观点法院不予支持。
新疆维吾尔自治区昌吉回族自治州中级人民法院〔2021〕新23行	否	不是依据	/	关于附带审查的问题。本案系政府信息公开案件，原告请求审查的征收决定及方案并不属于被告不向其公开政府信息所依据的规

案例及案号	是否审查	不予审查的理由	审查是否合法	说理
初 7 号霍某迪诉吉木萨尔县人民政府信息公开一审行政判决书				范性文件，故不属于本案应附带审查的内容，对此项请求法院不予支持。
四川省绵阳市中级人民法院〔2020〕川 07 行终 82 号绵阳高新区普明街道办事处诉绵阳市铂金时代小区业主委员会行政撤销二审行政判决书		不是依据	/	被告作出的案涉告知书虽然引用了《四川省业主大会和业主委员会指导规则》第 26 条，但该条文并未涉及被告作出行政行为的依据，即原告不符合"选举业主委员会或者更换业主委员会成员，应当经专有部分占建筑物总面积过半数的业主且占总人数过半数的业主同意"的条件。因此，一审法院认为案涉处理结果并未实际采用该条文，不是案涉行政行为的依据。
广州铁路运输中级法院〔2021〕粤 71 行终 525 号李某安诉广州市住房保障办公室、广东省住房和城乡建设厅确认保障性住房分配资格二审行政判决书	是		合法	《经济适用住房管理办法》第 25 条第 2 款规定："经济适用住房供应对象的家庭收入标准和住房困难标准，由市、县人民政府根据当地商品住房价格、居民家庭可支配收入、居住水平和家庭人口结构等因素确定，实行动态管理，每年向社会公布一次。"该办法以部门规章形式明确市、县人民政府有权对经济适用住房供应对象的家庭收入标准和住房困难标准实行动态管理。依照上述规定，穗建规字〔2019〕14 号文《关于剩余经济适用住房销售有关问题的通知》的制定机关广州市住房和城乡建设局作为广州市建设行政主管部门经调研有关单位意见、公开向公众征询意见等程序之后，报请广州市人民政府同意，并经

案例及案号	是否审查	不予审查的理由	审查是否合法	说理
				政府法制部门进行审查之后，将该文予以印发，制定权限及程序均合法。该通知内容包括适用对象的确定、购房前资格复核程序、资格复核标准、超出标准的处理以及销售原则和轮候评分的确定、经济适用住房退出与现行住房保障制度的衔接过渡机制、有效期等。就经济适用住房购房资格复核标准部分，该标准的确立不存在与上位法的规定相抵触、增加适用对象义务或减损合法权益等情形，其他相关内容也符合有关法律法规的规定。故原审法院将该通知作为认定本案行政行为合法的依据。

党内法规和国家法律一体化视阈
对规范性文件进行治理

　　在新时代，围绕食品安全、环境保护、脱贫攻坚、安全生产等领域，党政联合制定规范性文件的范围越来越宽泛，频次越来越高。近些年，行政法学的研究已经将理论与实务深深融合在了一起。行政法学的学者"主体性"意识也越来越浓厚，在强调"本土化"的同时，我们更加侧重结合自己的地方实践，找寻解决问题的办法，这样的办法必须接地气，必须管用、必须能实质性化解纷争。针对规范性文件一并审查的研究，理论和实务的探讨也已经超越了规范性文件本身，如有学者认为，对规章和行政法规，现行法律和司法解释规定不得审查。

　　但司法解释要求法院在裁判文书中引用"合法有效"的规章及其他规范性文件，不允许法院审查，法院如何确定相应规章及其他规范性文件"合法有效"？如果没有附带审，则"参照规章"的规定就无法执行。姜明安教授认为，《行政诉讼法》规定的附带诉、附带审向规章开放，不仅有利于解决长期以来行政诉讼法实施中遇到的各种矛盾和问题，消除相关矛盾和困境，而且有助于落实中共十八届三中、四中全会关于规范性文件合法性审查的有关要求。合法有效的规范性文件可以适用，合法有效的规则可以参照，法律、行政法规和地方性法规必须依据，这是人民法院裁判案件的依据和参照源，我们对规范性文件的审查仍然限于合法性审查，尽管我们在研究中偶尔也能找到有关合理性审查的案例，但在整个规范性文件一并审查的体量中占比极少。尽管也有学者认为，目前人民法院对规章的审查虽无法律法规的明确依据，但人民法院"参照适用"的前提就是对规章进行审查，只是该审查还停留在内心确认的判断和认定中，我们期待，未来在建设法治国家、法治政府、法治社会的过程中，对规范性文件的审查力度会进一步增强，同时加强人民法院和行政机关针对规范性文件的联动机制，在合宪性视阈下，推进"维护宪法法律权威，推进法治中国建设"和建设法治国家、法治政府、法治社会的目标和任务。

党内法规已经被提升到了前所未有的高度，关乎社会稳定和国家长治久安。加强党内法规建设的重要原因在于，通过规范党内制度建设，提升从严治党和依规治党的能力和水平，通过规范制度建设，纯洁党性、提升管党治党能力和水平。在宪法视阈下，坚持中国共产党的领导作为社会主义最本质特征被庄严地写入宪法之中。

从传统的依法治国理论来看，把国家治理纳入法治的轨道，法治则是全民意志的体现，因此，依法治理就是以民众的意志进行治理，民众通过选举代表组成国家机关，行使各项民主权利，同时监督国家机关及其工作人员。我国是社会主义国家，在中国共产党的领导下，党通过政治领导、组织领导等领导方式代表人民的利益，同时通过党内民主实现政治民主，通过党内立法来实现依法执政和依法行政。

本书对行政规范性文件从合宪性的角度，旨在为其审查提供一条从宏观至微观的务实性审查之道。其目的在于深入推进依法行政，建设法治国家、法治政府、法治社会，提升规范性文件的质量和治理水平，在事前、事中和事后三个阶段做好审查、控制和完善。合宪性视阈下推进规范性文件的一并审查是一项较为艰巨的事业。涉及的内容多，领域广，难度大，周期长。除文章涉及的内容之外，针对以下问题还可以继续展开分门别类的研究，如行政规范性文件一并审查中原告资格认定研究、行政规范性文件一并审查中利害关系认定研究、行政规范性文件一并审查中裁判要旨实证研究、行政规范性文件一并审查中第三人请求主体资格研究。笔者认为，对规范性文件的治理还要体现在后端的完善上，比如发现规范性文件违法或者不当后，制定机关的反馈同样重要。在大数据蓬勃发展，信息化、数字化、信息安全等已经成为日常生活一部分的前提下，实现全国法院规范性文件附带审查的信息共享等也是未来不可回避和亟需解决的问题。

31 个省市自治区地方性法规和规章的规定

安徽	安徽省各级人民代表大会常务委员会实行规范性文件备案审查的规定〔2021〕	安徽省行政机关规范性文件制定程序规定〔2017〕 安徽省行政机关规范性文件备案监督办法〔2006〕
北京	北京市各级人民代表大会常务委员会规范性文件备案审查条例〔2020〕	北京市行政规范性文件备案规定〔2016〕
福建	福建省各级人民代表大会常务委员会规范性文件备案审查条例〔2021〕	福建省行政规范性文件备案审查办法〔2021〕
甘肃	甘肃省各级人民代表大会常务委员会规范性文件备案审查规定〔2021〕	甘肃省行政规范性文件管理办法〔2021〕 甘肃省规章行政规范性文件备案审查办法〔2021〕
广东	广东省各级人民代表大会常务委员会规范性文件备案审查条例〔2021〕	广东省行政规范性文件管理规定〔2024〕
广西壮族自治区	广西壮族自治区各级人民代表大会常务委员会规范性文件备案审查条例〔2016〕	广西壮族自治区行政规范性文件制定程序规定〔2021〕 广西壮族自治区行政规范性文件备案审查规定〔2018〕
贵州	贵州省各级人民代表大会常务委员会监督条例〔2007〕	贵州省行政规范性文件制定和监督管理规定〔2023〕
海南	海南省各级人民代表大会常务委员会规范性文件备案审查条例〔2021〕	海南省行政规范性文件制定与备案规定〔2019〕

续表

河北	河北省各级人民代表大会常务委员会规范性文件备案审查条例〔2020〕	河北省规范性文件管理办法〔2020〕
河南	河南省实施《中华人民共和国各级人民代表大会常务委员会监督法》办法〔2015〕	河南省行政规范性文件管理办法〔2024〕
黑龙江	黑龙江省各级人民代表大会常务委员会规范性文件备案审查条例〔2018〕	黑龙江省行政规范性文件制定和监督管理办法〔2018〕
湖北	湖北省各级人民代表大会常务委员会规范性文件备案审查工作条例〔2020〕	湖北省行政规范性文件管理办法〔2015〕
湖南	湖南省规范性文件备案审查条例〔2022〕	湖南省规范性文件管理办法〔2022〕
吉林	吉林省各级人民代表大会常务委员会规范性文件备案审查条例〔2024〕	吉林省规范性文件制定办法〔2013〕 吉林省规章规范性文件监督办法〔2005〕
江苏	江苏省各级人民代表大会常务委员会规范性文件备案审查条例〔2020〕	江苏省规范性文件制定和备案规定〔2009〕
江西	江西省各级人民代表大会常务委员会规范性文件备案审查条例〔2021〕	江西省行政规范性文件管理办法〔2020〕
辽宁	辽宁省各级人民代表大会常务委员会规范性文件备案审查条例〔2020〕	辽宁省行政规范性文件合法性审核办法〔2020〕 辽宁省规章规范性文件备案办法〔2016〕
内蒙古自治区	内蒙古自治区各级人民代表大会常务委员会规范性文件备案审查条例〔2024〕	内蒙古自治区规范性文件制定和备案监督办法〔2013〕
宁夏回族自治区	宁夏回族自治区各级人民代表大会常务委员会规范性文件备案审查条例〔2024〕	宁夏回族自治区行政规范性文件制定和备案办法〔2016〕
青海	青海省各级人民代表大会常务委员会规范性文件备案审查条例〔2020〕	青海省行政规范性文件制定和备案办法〔2013〕

续表

山东	山东省各级人民代表大会常务委员会规范性文件备案审查规定〔2017〕	山东省规章和行政规范性文件备案规定〔2020〕
山西	山西省各级人民代表大会常务委员会规范性文件备案审查条例〔2021〕	山西省行政规范性文件制定与监督管理办法〔2020〕
陕西	陕西省地方各级人民代表大会常务委员会规范性文件备案审查规定〔2024〕	陕西省行政规范性文件制定和监督管理办法〔2018〕
上海	上海市人民代表大会常务委员会规范性文件备案审查条例〔2021〕	上海市行政规范性文件管理规定〔2019〕
四川	四川省《中华人民共和国各级人民代表大会常务委员会监督法》实施办法〔2010〕	四川省行政规范性文件管理办法〔2021〕
天津	天津市人民代表大会常务委员会和区人民代表大会常务委员会规范性文件备案审查办法〔2020〕	天津市行政规范性文件管理规定〔2024〕
西藏自治区	西藏自治区各级人民代表大会常务委员会规范性文件备案审查条例〔2022〕	西藏自治区行政规范性文件制定和备案监督管理办法〔2020〕
新疆维吾尔自治区	新疆维吾尔自治区各级人民代表大会常务委员会规范性文件备案审查条例〔2020〕	新疆维吾尔自治区行政规范性文件管理办法〔2021〕
云南	云南省各级人民代表大会常务委员会规范性文件备案审查条例〔2020〕	云南省行政规范性文件制定和备案办法〔2017〕
浙江	浙江省各级人民代表大会常务委员会规范性文件备案审查规定〔2007〕	浙江省行政规范性文件管理办法〔2018〕
重庆	重庆市各级人民代表大会常务委员会规范性文件备案审查条例〔2024〕	重庆市行政规范性文件管理办法〔2019〕

最高人民法院决定废止的部分司法解释及相关规范性文件的目录

序号	标题	发文日期及文号
1	最高人民法院关于人民法院司法统计工作的若干规定	1985 年 11 月 21 日
2	最高人民法院印发《处理涉台刑事申诉、民事案件座谈会纪要》的通知 附一：处理涉台刑事申诉、民事案件座谈会纪要（节录） 附二：关于人民法院处理涉台民事案件的几个法律问题	1988 年 8 月 5 日 法（办）发〔1988〕18 号
3	最高人民法院关于各级人民法院与港方签订有关法律事务协议的须先报经最高人民法院审查批准的通知	1988 年 8 月 25 日 高法明电〔1988〕62 号
4	最高人民法院关于学习宣传贯彻《中华人民共和国未成年人保护法》的通知	1991 年 12 月 24 日 法（研）发〔1991〕44 号
5	最高人民法院关于印发《法官考评委员会暂行组织办法》和《初任审判员助理审判员考试暂行办法》的通知 附：法官考评委员会暂行组织办法 初任审判员、助理审判员考试暂行办法	1996 年 6 月 26 日 法发〔1996〕20 号
6	最高人民法院关于适用《中华人民共和国民法总则》诉讼时效制度若干问题的解释	2018 年 7 月 18 日 法释〔2018〕12 号

附件二　最高人民法院决定废止的部分司法解释及相关规范性文件的目录

续表

序号	标题	发文日期及文号
7	最高人民法院印发《关于贯彻执行〈中华人民共和国民法通则〉若干问题的意见（试行）》的通知 附：最高人民法院关于贯彻执行《中华人民共和国民法通则》若干问题的意见（试行）	1988年4月2日 法（办）发〔1988〕6号
8	最高人民法院关于适用《中华人民共和国物权法》若干问题的解释（一）	2016年2月22日 法释〔2016〕5号
9	最高人民法院关于适用《中华人民共和国担保法》若干问题的解释	2000年12月8日 法释〔2000〕44号
10	最高人民法院关于国有工业企业以机器设备等财产为抵押物与债权人签订的抵押合同的效力问题的批复	2002年6月18日 法释〔2002〕14号
11	最高人民法院关于审理出口退税托管账户质押贷款案件有关问题的规定	2004年11月22日 法释〔2004〕18号
12	最高人民法院关于执行《民事政策法律若干问题的意见》中几个涉及房屋典当问题的函	1985年2月24日 法〔民〕函〔1985〕8号
13	最高人民法院关于典当房屋被视为绝卖以后确认产权程序问题的批复	1989年7月24日 〔1989〕法（民）字第17号
14	最高人民法院关于私房改造中典当双方都是被改造户的回赎案件应如何处理问题的批复	1990年7月25日 法民〔1990〕6号
15	最高人民法院关于会计师事务所为企业出具虚假验资证明应如何承担责任问题的批复	1998年6月26日 法释〔1998〕13号
16	最高人民法院关于适用《中华人民共和国合同法》若干问题的解释（一）	1999年12月29日 法释〔1999〕19号
17	最高人民法院关于适用《中华人民共和国合同法》若干问题的解释（二）	2009年4月24日 法释〔2009〕5号
18	最高人民法院关于单位负责人被追究刑事责任后单位应否承担返还其预收货款的责任问题的批复	1989年1月3日 法（经）复〔1989〕1号

序号	标题	发文日期及文号
19	最高人民法院关于逾期付款违约金应当按照何种标准计算问题的批复	1999 年 2 月 12 日 法释〔1999〕8 号
20	最高人民法院关于修改《关于逾期付款违约金应当按照何种标准计算问题的批复》的批复	2000 年 11 月 15 日 法释〔2000〕34 号
21	最高人民法院关于郑立本与青岛市建筑安装工程公司追索赔偿金纠纷一案的复函 附：山东省高级人民法院关于审理郑立本与青岛市建筑安装工程公司追索赔偿金纠纷一案的请示	1993 年 7 月 13 日〔1993〕民他字第 14 号
22	最高人民法院关于建设工程价款优先受偿权问题的批复	2002 年 6 月 20 日 法释〔2002〕16 号
23	最高人民法院关于审理建设工程施工合同纠纷案件适用法律问题的解释	2004 年 10 月 25 日 法释〔2004〕14 号
24	最高人民法院关于审理建设工程施工合同纠纷案件适用法律问题的解释（二）	2018 年 12 月 29 日 法释〔2018〕20 号
25	最高人民法院关于银行、信用社扣划预付货款收贷应否退还问题的批复	1994 年 3 月 9 日 法复〔1994〕1 号
26	最高人民法院关于乡政府与其他单位签订的联营协议效力问题的批复	1988 年 1 月 9 日 法（经）复〔1988〕3 号
27	最高人民法院关于印发《关于审理联营合同纠纷案件若干问题的解答》的通知 附：最高人民法院关于审理联营合同纠纷案件若干问题的解答	1990 年 11 月 12 日 法（经）发〔1990〕27 号
28	最高人民法院关于作为保证人的合伙组织被撤销后自行公告限期清理债权债务的，债权人在诉讼时效期间内有权要求合伙人承担保证责任问题的批复	1988 年 10 月 18 日 法（经）复〔1988〕46 号
29	最高人民法院关于审理经济合同纠纷案件有关保证的若干问题的规定	1994 年 4 月 15 日 法发〔1994〕8 号
30	最高人民法院关于因法院错判导致债权利息损失扩大保证人应否承担责任问题的批复	2000 年 8 月 8 日 法释〔2000〕24 号

序号	标题	发文日期及文号
31	最高人民法院关于涉及担保纠纷案件的司法解释的适用和保证责任方式认定问题的批复	2002 年 11 月 23 日法释〔2002〕38 号
32	最高人民法院关于已承担保证责任的保证人向其他保证人行使追偿权问题的批复	2002 年 11 月 23 日法释〔2002〕37 号
33	最高人民法院关于人民法院应当如何认定保证人在保证期间届满后又在催款通知书上签字问题的批复	2004 年 4 月 14 日法释〔2004〕4 号
34	最高人民法院关于审理名誉权案件若干问题的解答	1993 年 8 月 7 日法发〔1993〕15 号
35	最高人民法院关于审理名誉权案件若干问题的解释	1998 年 8 月 31 日法释〔1998〕26 号
36	最高人民法院印发《关于人民法院审理离婚案件如何认定夫妻感情确已破裂的若干具体意见》《关于人民法院审理未办结婚登记而以夫妻名义同居生活案件的若干意见》的通知 附：最高人民法院关于人民法院审理离婚案件如何认定夫妻感情确已破裂的若干具体意见 关于人民法院审理未办结婚登记而以夫妻名义同居生活案件的若干意见	1989 年 12 月 13 日法（民）发〔1989〕38 号
37	最高人民法院关于人民法院审理离婚案件处理财产分割问题的若干具体意见	1993 年 11 月 3 日法发〔1993〕32 号
38	最高人民法院关于人民法院审理离婚案件处理子女抚养问题的若干具体意见	1993 年 11 月 3 日法发〔1993〕30 号
39	最高人民法院印发《关于审理离婚案件中公房使用、承租若干问题的解答》的通知 附：最高人民法院关于审理离婚案件中公房使用、承租若干问题的解答	1996 年 2 月 5 日法发〔1996〕4 号
40	最高人民法院关于适用《中华人民共和国婚姻法》若干问题的解释（一）	2001 年 12 月 24 日法释〔2001〕30 号
41	最高人民法院关于适用《中华人民共和国婚姻法》若干问题的解释（二）	2003 年 12 月 25 日法释〔2003〕19 号

序号	标题	发文日期及文号
42	最高人民法院关于适用《中华人民共和国婚姻法》若干问题的解释（三）	2011 年 8 月 9 日法释〔2011〕18 号
43	最高人民法院关于适用《中华人民共和国婚姻法》若干问题的解释（二）的补充规定	2017 年 2 月 28 日法释〔2017〕6 号
44	最高人民法院关于审理涉及夫妻债务纠纷案件适用法律有关问题的解释	2018 年 1 月 16 日法释〔2018〕2 号
45	最高人民法院关于违反计划生育政策的超生子女可否列为职工的供养直系亲属等问题的复函 附：劳动部保险福利司关于违反计划生育政策的超生子女可否列为职工的供养直系亲属等问题的征求意见函	1990 年 8 月 13 日〔1990〕法（民）字第 17 号
46	最高人民法院关于夫妻离婚后人工授精所生子女的法律地位如何确定的复函 附：河北省高级人民法院关于夫妻离婚后人工授精所生子女的法律地位如何确定的请示	1991 年 7 月 8 日〔1991〕民他字第 12 号
47	最高人民法院关于认真学习宣传和贯彻执行继承法的通知	1985 年 6 月 12 日法（民）发〔1985〕13 号
48	最高人民法院关于贯彻执行《中华人民共和国继承法》若干问题的意见	1985 年 9 月 11 日法（民）发〔1985〕22 号
49	最高人民法院关于保险金能否作为被保险人遗产的批复	1988 年 3 月 24 日〔1987〕民他字第 52 号
50	最高人民法院关于被继承人死亡后没有法定继承人分享遗产能否分得全部遗产的复函	1992 年 10 月 11 日〔1992〕民他字第 25 号
51	最高人民法院关于如何处理农村五保对象遗产问题的批复	2000 年 7 月 25 日法释〔2000〕23 号
52	最高人民法院关于刊登侵害他人名誉权小说的出版单位在作者已被判刑后还应否承担民事责任的复函	1992 年 8 月 14 日〔1992〕民他字第 1 号

序号	标题	发文日期及文号
53	最高人民法院关于审理中外合资经营合同纠纷案件如何清算合资企业问题的批复	1998 年 1 月 15 日 法释〔1998〕1 号
54	最高人民法院关于审计（师）事务所执业审计师可以接受清算组的聘任参与企业破产清算的通知	1993 年 8 月 28 日 法〔1993〕72 号
55	最高人民法院关于对企业法人破产还债程序终结的裁定的抗诉应否受理问题的批复	1997 年 7 月 31 日 法释〔1997〕2 号
56	最高人民法院关于破产清算组在履行职责过程中违约或侵权等民事纠纷案件诉讼管辖问题的批复	2004 年 6 月 21 日 法释〔2004〕5 号
57	最高人民法院关于信用社违反规定手续退汇给他人造成损失应承担民事责任问题的批复	1988 年 10 月 18 日 法（经）复〔1988〕45 号
58	最高人民法院关于出借银行账户的当事人是否承担民事责任问题的批复	1991 年 9 月 27 日 法（经）复〔1991〕5 号
59	最高人民法院经济审判庭关于代理发行企业债券的金融机构应否承担企业债券发行人债务责任问题的复函	1994 年 4 月 29 日 法经〔1994〕103 号
60	最高人民法院关于审理涉及金融资产管理公司收购、管理、处置国有银行不良贷款形成的资产的案件适用法律若干问题的规定	2001 年 4 月 11 日 法释〔2001〕12 号
61	最高人民法院关于如何确定证券回购合同履行地问题的批复	1996 年 7 月 4 日 法复〔1996〕9 号
62	最高人民法院关于审理劳动争议案件适用法律若干问题的解释	2001 年 4 月 16 日 法释〔2001〕14 号
63	最高人民法院关于审理劳动争议案件适用法律若干问题的解释（二）	2006 年 8 月 14 日 法释〔2006〕6 号
64	最高人民法院关于审理劳动争议案件适用法律若干问题的解释（三）	2010 年 9 月 13 日 法释〔2010〕12 号
65	最高人民法院关于审理劳动争议案件适用法律若干问题的解释（四）	2013 年 1 月 18 日 法释〔2013〕4 号

序号	标题	发文日期及文号
66	最高人民法院关于银行工作人员未按规定办理储户挂失造成储户损失银行是否承担民事责任问题的批复	1990 年 9 月 11 日 法（民）复〔1990〕13 号
67	最高人民法院关于审理合伙型联营体和个人合伙对外债务纠纷案件应否一并确定合伙内部各方的债务份额的复函	1992 年 3 月 18 日 法函〔1992〕34 号
68	最高人民法院关于对私营客车保险期满后发生的车祸事故保险公司应否承担保险责任问题的请示的复函	1993 年 8 月 4 日 法（经）〔1993〕161 号
69	最高人民法院关于如何适用《中华人民共和国民法通则》第 134 条第 3 款的复函	1993 年 11 月 4 日
70	最高人民法院关于企业开办的其他企业被撤销或者歇业后民事责任承担问题的批复	1994 年 3 月 30 日 法复〔1994〕4 号
71	最高人民法院关于市政府经济技术协作委员会能否作为诉讼主体独立承担民事责任问题的复函	1996 年 1 月 8 日 法函〔1996〕9 号
72	最高人民法院关于银行以折角核对方法核印鉴应否承担客户存款被骗取的民事责任问题的复函	1996 年 3 月 21 日 法函〔1996〕65 号
73	最高人民法院关于金融机构为行政机关批准开办的公司提供注册资金验资报告不实应当承担责任问题的批复	1996 年 3 月 27 日 法复〔1996〕3 号
74	最高人民法院关于城市街道办事处是否应当独立承担民事责任的批复	1997 年 7 月 14 日 法释〔1997〕1 号
75	最高人民法院关于验资单位对多个案件债权人损失应如何承担责任的批复	1997 年 12 月 31 日 法释〔1997〕10 号
76	最高人民法院关于交通事故中的财产损失是否包括被损车辆停运损失问题的批复	1999 年 2 月 11 日 法释〔1999〕5 号
77	最高人民法院关于被盗机动车辆肇事后由谁承担损害赔偿责任问题的批复	1999 年 6 月 25 日 法释〔1999〕13 号
78	最高人民法院关于托运人主张货损货差而拒付运费应否支付滞纳金的答复	1992 年 2 月 12 日 法函〔1992〕16 号

序号	标题	发文日期及文号
79	最高人民法院对在审判工作中有关适用民法通则时效的几个问题的批复	1987 年 5 月 22 日 法（研）复〔1987〕18 号
80	最高人民法院关于企业或个人欠国家银行贷款逾期两年未还应当适用民法通则规定的诉讼时效问题的批复	1993 年 2 月 22 日 法复〔1993〕1 号
81	最高人民法院关于超过诉讼时效期间当事人达成的还款协议是否应当受法律保护问题的批复	1997 年 4 月 16 日 法复〔1997〕4 号
82	最高人民法院关于审理第一审专利案件聘请专家担任陪审员的复函	1991 年 6 月 6 日 法（经）函〔1991〕64 号
83	最高人民法院关于在专利侵权诉讼中当事人均拥有专利权应如何处理问题的批复	1993 年 8 月 16 日 〔93〕经他字第 20 号
84	最高人民法院关于对诉前停止侵犯专利权行为适用法律问题的若干规定	2001 年 6 月 7 日 法释〔2001〕20 号
85	最高人民法院关于诉前停止侵犯注册商标专用权行为和保全证据适用法律问题的解释	2002 年 1 月 9 日 法释〔2002〕2 号
86	最高人民法院关于调整司法解释等文件中引用《中华人民共和国民事诉讼法》条文序号的决定	2008 年 12 月 16 日 法释〔2008〕18 号
87	最高人民法院关于行政机关对土地争议的处理决定生效后一方不履行另一方不应以民事侵权向法院起诉的批复	1991 年 7 月 24 日 〔90〕法（民）字第 2 号
88	最高人民法院关于人民法院应否受理财政、扶贫办等非金融行政机构借款合同纠纷的批复	1993 年 8 月 28 日 法复〔1993〕7 号
89	最高人民法院关于劳动仲裁委员会逾期不作出仲裁裁决或者作出不予受理通知的劳动争议案件，人民法院应否受理的批复	1998 年 9 月 2 日 法释〔1998〕24 号
90	最高人民法院关于案件级别管辖几个问题的批复	1996 年 5 月 7 日 法复〔1996〕5 号
91	最高人民法院关于经济合同的名称与内容不一致时如何确定管辖权问题的批复	1996 年 11 月 13 日 法复〔1996〕16 号

序号	标题	发文日期及文号
92	最高人民法院经济审判庭关于购销合同的双方当事人在合同中约定了交货地点，但部分货物没有在约定的交货地点交付，如何确定管辖权问题的复函	1995 年 7 月 11 日法经〔1995〕206 号
93	最高人民法院关于如何确定委托贷款协议纠纷诉讼主体资格的批复	1996 年 5 月 16 日法复〔1996〕6 号
94	最高人民法院关于第一审离婚判决生效后应出具证明书的通知	1991 年 10 月 24 日法（民）发〔1991〕33 号
95	最高人民法院关于第二审法院裁定按自动撤回上诉处理的案件第一审法院能否再审问题的批复	1998 年 8 月 10 日法释〔1998〕19 号
96	最高人民法院关于中级人民法院能否适用督促程序的复函	1993 年 11 月 9 日〔1993〕法（民）字第 29 号
97	最高人民法院关于适用督促程序若干问题的规定	2001 年 1 月 8 日法释〔2001〕2 号
98	最高人民法院关于人民法院发现已经受理的申请执行仲裁裁决或不服仲裁裁决而起诉的案件不属本院管辖应如何处理问题的批复	1988 年 1 月 13 日法（研）复〔1988〕8 号
99	最高人民法院经济审判庭关于信用合作社责任财产范围问题的答复	1991 年 6 月 17 日法经〔1991〕67 号
100	最高人民法院关于对因妨害民事诉讼被罚款拘留的人不服决定申请复议的期间如何确定问题的批复	1993 年 2 月 23 日〔93〕法民字第 7 号
101	最高人民法院关于采取诉前保全措施的法院可否超越其级别管辖权限受理诉前保全申请人提起的诉讼问题的复函	1995 年 3 月 7 日法经〔1995〕64 号
102	最高人民法院关于认真贯彻仲裁法依法执行仲裁裁决的通知	1995 年 10 月 4 日法发〔1995〕21 号
103	最高人民法院关于当事人因对不予执行仲裁裁决的裁定不服而申请再审人民法院不予受理的批复	1996 年 6 月 26 日法复〔1996〕8 号
104	最高人民法院关于税务机关是否有义务协助人民法院直接划拨退税款问题的批复	1996 年 7 月 21 日法复〔1996〕11 号

序号	标题	发文日期及文号
105	最高人民法院关于如何理解《关于适用〈中华人民共和国民事诉讼法〉若干问题的意见》第 31 条第 2 款的批复	1998 年 4 月 17 日法释〔1998〕5 号
106	最高人民法院关于对案外人的财产能否进行保全问题的批复	1998 年 5 月 19 日法释〔1998〕10 号
107	最高人民法院关于人民法院执行设定抵押的房屋的规定	2005 年 12 月 14 日法释〔2005〕14 号
108	最高人民法院关于向外国公司送达司法文书能否向其驻华代表机构送达并适用留置送达问题的批复	2002 年 6 月 18 日法释〔2002〕15 号
109	最高人民法院关于当事人对仲裁协议的效力提出异议由哪一级人民法院管辖问题的批复	2000 年 8 月 8 日法释〔2000〕25 号
110	最高人民法院关于解除劳动合同的劳动争议仲裁申请期限应当如何起算问题的批复	2004 年 7 月 26 日法释〔2004〕8 号
111	最高人民法院关于当事人持台湾地区有关行政或公证部门确认的离婚协议书向人民法院申请认可人民法院是否受理的复函	2000 年 12 月 26 日〔2000〕民他字第 29 号
112	最高人民法院关于印发国家统计局《关于对职工日平均工资计算问题的复函》的通知	1996 年 2 月 13 日〔1996〕法赔字第 1 号
113	最高人民法院关于民事、行政诉讼中司法赔偿若干问题的解释	2000 年 9 月 16 日法释〔2000〕27 号
114	最高人民法院关于印发《马原副院长在全国民事审判工作座谈会上的讲话》和《全国民事审判工作座谈会纪要》的通知	1993 年 11 月 24 日法发〔1993〕37 号
115	最高人民法院对国务院宗教事务局一司关于僧人遗产处理意见的复函	1994 年 10 月 13 日
116	最高人民法院关于人民法院公开审判非涉外案件是否准许外国人旁听或采访问题的批复	1982 年 7 月 5 日〔1982〕法研究字第 5 号